跨国经营企业外派人员的外派动机对职业资本的影响及作用机制研究

丁言乔◎著

中国财经出版传媒集团
中国财政经济出版社
·北京·

图书在版编目（CIP）数据
跨国经营企业外派人员的外派动机对职业资本的影响及作用机制研究 / 丁言乔著. -- 北京 : 中国财政经济出版社, 2025. 2. -- ISBN 978-7-5223-3630-5
Ⅰ. F276.7
中国国家版本馆CIP数据核字第2025V86517号

责任编辑：牛婧丽　　责任校对：张　凡
封面设计：孙俪铭　　责任印制：张　健

跨国经营企业外派人员的外派动机对职业资本的影响及作用机制研究
KUAGUO JINGYING QIYE WAIPAI RENYUAN DE WAIPAI DONGJI DUI ZHIYE ZIBEN DE YINGXIANG JI ZUOYONG JIZHI YANJIU

中国财政经济出版社 出版
URL：http：//www.cfeph.cn
E-mail：cfeph@cfeph.cn

社址：北京市海淀区阜成路甲28号　邮政编码：100142
营销中心电话：010-88191522
天猫网店：中国财政经济出版社旗舰店
网址：https：//zgczjjcbs.tmall.com
北京厚诚则铭印刷科技有限公司印刷　各地新华书店经销
成品尺寸：170mm×230mm　16开　14.25印张　148 000字
2025年2月第1版　2025年2月北京第1次印刷
定价：68.00元
ISBN 978-7-5223-3630-5
（图书出现印装问题，本社负责调换，电话：010-88190548）
本社质量投诉电话：010-88190744
打击盗版举报热线：010-88191661　QQ：2242791300

前　言

本研究重点关注中国企业外派人员的外派动机及其对职业资本的影响。通过对文献资料的收集与分析，结合半结构化深度访谈和问卷调查方法，本研究获得了35名企业外派人员（子课题一中27名，子课题二中增加8名）的访谈记录和多方资料，运用扎根理论方法探索企业外派人员的外派动机，发现跨文化动机的核心作用，深度刻画了跨文化动机对职业资本的影响及内在机制。同时，运用定量研究方法进一步验证跨文化动机对职业资本的影响及其内在机理。据此，本研究通过定性研究与定量研究相结合，基于外派领域和职业生涯领域的相关理论，探索外派人员的外派动机与职业资本之间的关系，重点关注外派动机对职业资本的影响及作用机制，具体从以下三个方面展开。

子课题一　重点关注企业外派人员的外派动机形成及其机理。本研究通过质性研究的经典方法——扎根理论方法，结合深度访谈收集多家企业外派人员的第一手数据，深入挖掘外派动机因素。基于自我决定理论框架，全面探索外派动机因素，将外派动机划分为自主性低至自主性高，并建立外派动机及其形成机理的理论模型，强调基本心理需求的机制作用。研究确定了内部环境（自主性）、外部环境（控制性）、基本心理需求、自主性外派动机和受控性外派动机五个主范畴，提出自主性外派动机和受控性外派动机的分类，并讨论两者之间的连续性，发现受控性外派动机位于自主性最低的位置，且能够通过个体自主性不断内化成为内在动机。由此，子课题一明确了中国企业外派人员的外派动机因素和形成机理，为子课题二和子课题三奠定了理论基础。

子课题二 重点关注跨文化动机对职业资本的影响及其机制作用。通过程序化扎根理论研究方法及半结构化访谈资料收集，进一步探析外派动机中跨文化动机的关键作用及其对职业资本的影响。研究构建跨文化动机—外派适应—职业资本的理论模型，发现在“认知—行为—环境”交互作用下外派人员职业资本的积累过程，并梳理外部影响因素。通过系统编码确定了跨文化动机、外派适应、知道如何做（Knowing - How）、知道为什么（Knowing - Why）、知道是谁（Knowing - Whom）、外部环境（组织）和外部环境（社会）七个主范畴，提出个体在跨文化动机推动下进行外派活动，通过外派适应完成职业资本积累，这一过程受到外部环境（组织和社会）的影响。据此，研究描述无边界职业生涯背景下，个体开展外派并实现职业资本积累的过程，构建相应的理论框架，并为企业外派管理提供理论依据和实践参考。

子课题三 在前两个子课题的基础上进一步验证跨文化动机和职业资本的内在关联。文献研究发现，跨文化动机作为职业资本形成的关键内部因素，缺乏科学的定量分析方法检验内在机制。尽管先前研究强调外派经历在塑造职业轨迹中的重要性，但外派人员的跨文化动机、多元文化人格和职业资本之间的关系仍需探索。因此，子课题三通过问卷调查方法，收集来自全球多个地区的中国企业外派人员数据，基于无边界生涯背景，结合社会认知理论，探讨中国跨国公司外派人员的跨文化动机对职业资本的影响，考察开放性人格特征的边界效应。该调查共收到482份有效回复，研究结果有望为组织管理和人力资源实践提供实际见解，增强对全球背景下外籍人士职业动态的理解。

综合三个子课题研究，本研究在以下几个方面具有理论贡献：首先，发现中国企业外派人员的外派动机因素及其形成机理，建立理论模型，深化外派动机内涵和理论基础，拓展自我决定理论在外派领域的应用；其次，发现跨文化动机的核心作用及其对职业资本的影响，通过外派适应的中介机制构建相应的理论框架，揭示跨文化动机对职业资本积累的重要预测作用，整合外派领域、职业生涯领域和跨文化心理学领域的知识内容；最后，在无边界职业生涯背景下，明确中国企业外派人员的跨文化动机对职业资本的积极影响，验证外派适应和多元文化人格的作用机理，为我国外派管理实践和个人职业生涯发展提供理论借鉴和启示。

丁言乔
2024年12月

目　录

第 1 章

绪　论

1.1 研究背景

中国企业“走出去”离不开国际化人才的支撑和推动，唯有依靠外派人员拓展海外市场，才可能拥有更广阔的发展前景。商务部数据显示，2018年1—9月，我国境外累计实现投资820.2亿美元，同比增长5.1%。联合国贸易和发展会议发布的《全球投资趋势监测报告》显示，2018年上半年全球外国直接投资总额约4700亿美元，较上年同期下降41%，整体水平处在历史低位。不少分析认为，在一些国家对外国投资监管趋严、全球外国直接投资下降的背景下，我国对外投资取得这样的局面实属不易。因此，中国企业“走出去”的大趋势不会改变，实现与东道国互利共赢、共同发展的愿望不会改变，促进全球经济增长、惠及所在国民众的努力也不会改变。

进入21世纪第二个10年，经济全球化势头不减，企业国际化发展和人才全球化流动加剧。特别是随着我国“一带一路”倡议的实施，中国企业国际化进程的加速使得外派人员的需求大幅增加，越来越多的中国企业将大量的员工派遣至海外机构以拓展国际化业务。对组织而言，外派人员的海外工作经历会成为组织国际化发展的人才资源保障；对外派人员而言，外派经历是特殊且不可复制的个人经验，是其职业发展中的重要一环。因此，无论是企业还是个人都注重将海外工作经历看作人力资源开发的重要性标志，优秀人才进入全球职业生涯（Global Career）时代。

中国企业外派人员主要分为两种：一种是开拓海外市场，推动国际事务管理的高层管理人员，人数相对较少；另一种是以国有大中型企业和民营企业为代表的中基层人员，是企业储备国际化人才的重要来源，人员数量较多，是企业外派的主力军，企业外派人员包括母国企业委派到东道国的经理、管理者、一般职员，不包括劳务工人。其中，中国国有企业肩负着企业“走出去”的重要责任，是实施“一带一路”倡议的主体，而企业相应的外派管理制度却较为落后，无法满足个人的心理和职业发展需求，在一定程度上削弱了外派人员的外派动机，进而可能造成外派中断，甚至外派失败现象的发生。因此，为提升国际竞争力和影响力，企业纷纷采取各种激励机制以吸引和保留更多的国际化人才，使得国际外派活动为个人的职业生涯提供了更多的选择和机遇，在此基础上展开相应的研究具有较强的实践意义。作为企业的一员，企业外派人员达成外派任务绩效、积累有效的职业资本和实现外派成功与自身的动机密不可分，一方面肩负着国家的使命和企业的责任，另一方面怀揣着对异域文化的好奇和向往，渴望探索和了解跨文化情景。基于此，国内外学者们进行了积极的理论探讨，以期明确外派动机的内涵，为识别、激发和维持外派动机提供理论依据。因此，本研究需要从国际外派（Expatriation）领域、职业生涯（Career）领域、跨文化管理（Cross Cultural Management）领域三大学术领域协同研究，探索内在规律、明确问题和解决问题。

1.2 研究意义

1.2.1 理论意义

动机因素一直是管理心理学和职业心理学研究领域关注的热点，然而目前外派研究领域中却缺乏对外派动机的深入探讨。已有的研究多数从跨文化动机展开，并将跨文化动机视为文化智力的一方面，尽管跨文化动机并不是个人开展外派实践活动的唯一动机，但仍然不能忽视跨文化动机在自主性动机中的核心作用及其对个体行为的影响。本研究将探讨在跨文化背景下，外派人员的外派动机内涵以及跨文化动机对职业资本的影响及其内在机制。

首先，基于自我决定理论和人本主义思想框架，研究者发现外派人员的外派动机相对复杂，传统的动机二分法并不适用于外派动机的分类和内涵诠释。因此，结合自我评价理论、基本心理需求理论和有机整合理论，本研究提出自主—受控性环境因素通过基本心理需求的机制作用形成受控性外派动机和自主性外派动机。两者之间不存在相互对立的关系，而是处于自主性由低到高的连续体上，由此，本研究进一步提出外部的要求和压力可以通过个体内化程度的不同显示为企业国际化需求、承担外派职责、认同激励政策和个人—企业需求整合四个外部动机，其中，认同激励政策和个人—企业需求整合通过不断内化成为自主性外派动机，而语言学习、关系建立、个人成长、职业发展和跨文化体验作为自主性较强的外派动机是基于自身对其价值的认可和兴趣，强调了自主性动机的内在因素，并为外派动机的形成和内在因素提供了理论解释，研究结果也为深化自我决定理论提供了实证依据。

其次，本研究在提炼和深化外派动机的基础上，提出跨文化动机是外派动机的核心因素，由此构建了外派人员的跨文化动机对职业资本影响的理论模型，并探索了外派人员职业资本的影响因素。其中，跨文化动机的提出基于人性假设和人本主义理念，包括跨文化体验和跨文化学习两个方面，在无边界职业生涯背景下，跨文化动机对个人开展外派实践活动过程中的积极情感体验、高绩效水平、工作满意度和身心健康有较好的预测作用，也是获取职业资本的先决条件，这一发现为外派人员的职业选择和决策提供了理论依据。另外，外派经历是外派人员职业生涯中不可忽视的一部分，外派人员职业资本的积累过程，本质上是认知—行为—环境相互影响并产生交互作用的动态过程，而动机因素则是积累有效职业资本的预测因素，并起到了正向影响作用。这使得本研究在一定程度上，明确了动机因素在外派领域和职业生涯领域中的重要预测作用。

最后，在研究对象上，本研究针对中国企业外派员工进行研究，为当前外派研究领域带来了中国样本。中国企业外派领域在国际上缺乏系统的实证研究，原因在于我国企业国际化进程起步晚、规模小。国际上，较早开始国际员工外派的跨国公司主要来自欧美国家和日本，之后我国台湾地区和韩国学者的研究开始增多，而我国在 21 世纪初才加入世界贸易组织，企业成规模地国际化发展也只有 10 年左右的时间，所以中国企业外派研究的贫乏不足为奇，因此本研究以多家中国国有企业的外派员工为研究样本，扩大了现有外派研究样本的多样性。

1.2.2 实践意义

当前，我国企业外派人员数量庞大，遍布世界各地，在东道国执行繁重的外派任务。一方面，他们希望能够通过国际外派的形式满足其自我成长和职业发展的双重需求，并掌握更多的职业资本；另一方面，企业也希望通过外派实践活动增强外派人员的跨文化能力和职业胜任力，从而提升企业的国际竞争力。跨文化环境的复杂性和不确定性提高了外派人员获取有效职业资本的难度，因此，如何使企业人员做好心理准备并积极面对外派任务，最终获得有效的职业资本，是企业外派管理者需要思考的问题。对此，本研究通过构建外派动机的相关理论框架，明确了外派动机类型和核心的外派动机，为管理者识别、激发和强化外派人员的外派动机，进而提升职业资本积累和增值提供了可操作性的实践指导。具体而言，本研究的实践意义主要体现在外派个人和外派组织的实践指导方面。

首先，对于个人而言，无论是自发的外派（Self - Initiated Expatriates）还是组织支持的外派（Corporate - Sponsored Expatriates/Assigned Expatriates）都希望通过外派任务的顺利完成赢得职业资本，对后续职业成功有所帮助。本研究聚焦于外派人员内生的跨文化探索动机，明确了个人在企业外派实践活动和个人职业生涯发展中的动机因素是顺利开展外派任务和克服不确定性的内在动力，具有一定的稳定性和持久性。尤其是在外派人员遇到困难或者压力事件时，能够诱发动机的推动作用，使外派人员自主开发个人的跨文化能力，主动地寻求多元的社会关系，以获得适时的心理支持和社会支持，最终顺利完成外派任务。

其次，对于发起外派任务的企业来说，外派人员的可雇佣性职业资本是外派成功的重要指标之一，任何外派中断、外派不适应、外派失败等现象都会对企业造成不利的影响。为避免外派失败，企业应当关注外派人员的职业发展需求，明确个人的外派动机和人格特质，尤其是跨文化环境中可能表现出的动机因素，应当给予充分的重视，将其纳入企业外派选拔和培训体系中。有助于员工在不同的外派阶段获得充分的内外部支持，保持良好的心理健康和积极的工作态度，进而有助于满足职业生涯需要，降低外派失败的可能性，实现职业资本的增值。

最后，本研究的实践意义还体现在对我国国家战略的积极响应和大力支持上。“一带一路”（One Belt One Road，OBOR）是我国驱动的新时期改革开放的新天地，被西方国家认为是中国引领的区域经济一体化乃至全球经济一体化的重要倡议。“一带一路”倡议的成败关键在国际人才。我国和“一带一路”合作伙伴的国际合作过程中，有大量的项目合作、人才交流合作，本研究能够提高对项目合作中的国际外派的理论指导，提高外派人员的跨文化能力和企业外派管理实践的成效。

1.3 研究方法与技术路线

1.3.1 研究方法

本研究以期了解外派人员的动机内涵、动机的核心因素及其对职业资本的影响。本研究首先考虑运用探索、发现和整合归纳为逻辑推理的质性研究方法，从探索外派动机的内涵和形成出发，发展出基础的理论模型；其次，运用提炼和归纳的方法进一步厘清变量之间的关系，构建理论模型；再次，结合文献分析方法，依据恰当的理论梳理变量之间可能存在的预测关系；最后，围绕研究主题，提出合理的研究假设，采用定量研究方法进行验证。本研究具体采用了以下几种研究方法：文献分析法、扎根理论研究法、问卷调查法。

具体而言：a. 在资料梳理和分析阶段，通过文献回顾和对企业外派相关资料的分析，进一步了解国际外派、外派动机和职业资本的相关研究及理论基础，并通过系统的梳理进行总结和评述，掌握变量之间的内在机理和逻辑架构；b. 在访谈阶段，本研究通过半结构化的深度访谈获取外派人员的个人信息、母公司的基本信息、东道国公司基本信息、外派前中后三期的过程以及关键事件的描述等；c. 在理论模型发展阶段，本研究定向搜索国内外重点学术期刊的相关文献，在对文本资料认真研读的基础上，结合访谈结果与专家咨询结果，根据程序化扎根理论的研究方法和行为事件访谈（Behavioral Event Interview）的编码技术对资料文本进行分析处理，最终形成一套系统的理论框架并进行阐释；d. 在定性数据分析阶段，主要采用 NVivo 软件处理访谈文本，NVivo 作为一种可以处理多种类型数据的强大工具，已经被广泛应用在多个学科领域，它能利用庞大的超衔接系统，有效帮助研究者捕捉材料（数据）中的特点和规律，利用 NVivo 能够科学有效地对访谈资料等进行编码，有效地归纳和储存且不易丢失，提升了编码的便捷性，该软件同样适用于团队共同进行编码和校对，保证了访谈编码的有效性和可靠性，因此，本研究将采用 NVivo 对已有访谈转录的文字材料进行手动编码和分析；e. 在问卷调查阶段，在访谈研究的基础上，论证外派人员的跨文化动机对职业资本的影响及其作用机制并提出研究假设，并进一步利用 SPSS 22 和 Mplus 7 进行信度检验、同源偏差分析、描述性统计分析、变量之间的相关性分析、验证性因子分析（CFA）、多层回归分析、Bootstrap 分析和结构方程模型等数据分析方法，验证理论假设并对研究结论进行阐释；f. 在数据采集阶段，访谈研究的数据采集主要使用不同时间段的纵向研究方式，对目标国有企业的外派人员进行面对面访谈；由于研究对象的特殊性，增加了本研究进行实地调研的难度，问卷调查的数据采集主要使用一次性大规模的截面数据，为保证调查数据的可靠性，本研究的问卷发放方式采取了线上问卷的形式。另外，研究者通过获取特定企业的海外志、大事记、对外劳务合作政策法规、国际外派人员培训教材、海外工作会议经验交流材料、官方网站信息，为本研究提供了有益的补充。

1.3.2 技术路线

本研究的基本技术路线是以理论研究为先导，结合对部分外派回任人员、正在国外的外派人员及其上级、人力资源部负责人等的访谈与专家咨询，形成理论框架，通过深度访谈和发放问卷获取大样本第一手资料和数据，结合常用统计手段进行假设检验，同时通过加入外派人员讨论组或微信群等方式，开展参与式观察并收集多方资料，最终形成对在无边界职业生涯背景下，我国国有企业外派人员的外派动机对职业资本获取的影响及内在机制的认识。整体研究技术路线如图1.1所示。

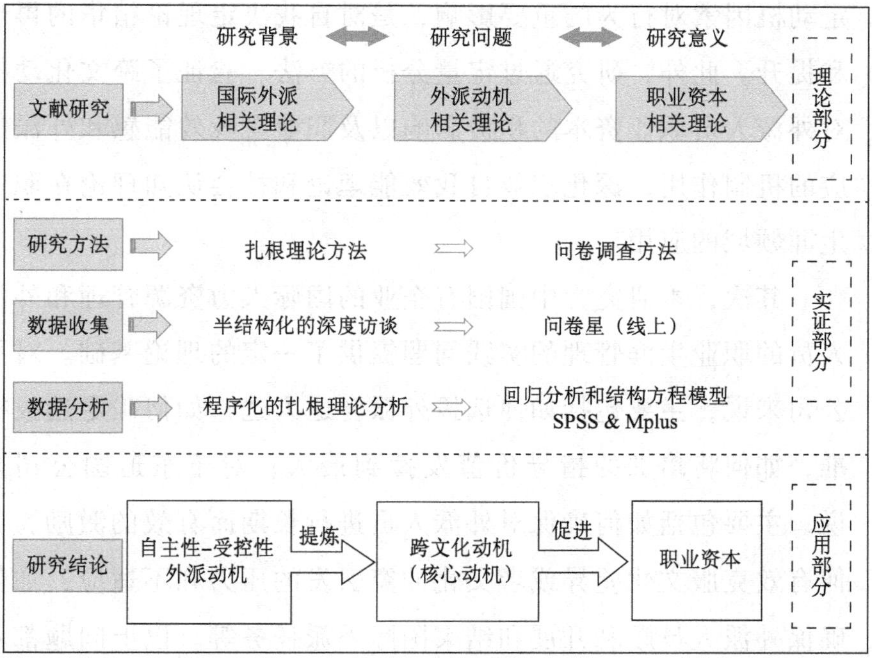

图1.1　技术路线

1.4　研究特色和创新

1.4.1　研究特色

本研究在外派领域和职业生涯领域进行了具有创新性和拓展性的工作。

首先，本研究的选题背景紧跟时代的步伐，研究内容贴合我国跨文化管理实践，研究方法科学有效。通过扎根理论的研究方法对外派人员的外派动机进行深入研究，发现其内涵和形成的内在规律；在此基础上进一步提炼有效的动机因素及其对职业资本影响的内在机制，构建了理论模型，强调个体自我决定动机因素对行为的重要影响，是对自我决定理论精华的再现和提升。此外，研究通过定量分析的方法，验证了跨文化动机对外派人员职业资本的积极影响以及职业自我效能感和外派适应的机制作用，深化职业自我效能理论和社会认知理论在职业生涯领域的应用。

其次，本研究为中国国有企业的国际人力资源管理和外派人员的职业生涯管理的实践问题提供了一定的理论基础。对母公司来说，主要包括如何选拔外派合适人选，如何确定选拔标准，如何将培训的指导价值发挥到最大；对于东道国公司来说，主要包括如何确保对外派人员进行长期而有效的激励，如何有效克服文化差异或者文化冲突引发的压力和不适应，如何确保外派人员顺利开展和结束国际外派任务等。以上问题都不能忽视外派主体的需求和能动性，这不仅对我国企业外派管理模式提出了新的要求和建议，也为企业外派实践管理提供了一定的参考价值。

最后，调研方式多样。本研究将通过多角度、多手段的调研方式获取第一手和第二手资料，通过结合定性和定量研究方法，先探索后验证的系统研究，是本研究的特色之一。此外，由于外派领域结合职业生涯领域的研究大多采用质性研究的方法进行探索，多数停留在研究假设和逻辑推理中，缺乏运用定量分析的方法对研究假设进行验证和分析。涉及跨文化和职业生涯领域的研究对象大多涉及留学生、技术移民、自发式外派等群体，本研究以企业外派人员作为研究对象，增加了外派领域的研究样本，拓展了职业生涯理论的应用范围。

1.4.2 研究创新

第一，通过探索式研究后建立外派动机及其形成机理的理论模型，强调了跨文化动机的关键驱动作用，实现了外派领域和职业生涯领域研究的有机结合。国外已有相对成熟的职业资本研究，而国内针对这一领域的研究仍处于起步阶段，尤其缺乏对企业外派人员外派动机及其结果变量关系和内在机制的探讨。本研究从外派人员职业生涯视角出发，探讨在个人、组织、社会的影响之下，自主性外派动机的形成、跨文化动机的提炼及其影响职业资本积累的内在规律，为推动外派动机及其预测作用的相关研究提供了理论基础和实证支持。

第二，本研究基于外派人员所处的特定环境特征，深化了自我效能理论在职业生涯领域和外派领域的综合应用。事实上，现实中的外派管理问题很难穷尽，也没有一劳永逸的解决方法，因此，更要重视企业内部个体动机的激发和维持，以及能动性的发挥。本研究以外派人员作为外派实践主体，强调了无边界职业生涯背景下，获取可雇佣性职业资本离不开个体自主掌握和规划职业生涯的效能作用。特别是对海外经历和跨文化体验向往的外派人员，跨文化动机这一诱因具有情境性特点，在跨文化环境中能够激发外派人员的自我效能感，并在实现职业资本积累过程中发挥重要的机制作用。

第三，本研究采用科学严谨的研究方法深入了解外派人员的心理机制，使得研究内容更具有可靠性和科学性。特别是从实践方面，为企业外派管理提供了全面的理论解释和充分的理论指导，有利于指导企业深入了解外派人员的动态心理变化，拓宽外派管理实践思路，充分地激励和运用国际化人才。此外，研究不仅为外派人员了解外派职业资本的多方面影响因素提供了理论框架，也为客观判断和规划职业生涯道路提供了实证依据。

1.4.3 总体研究框架

总体研究框架如图 1.2 所示。

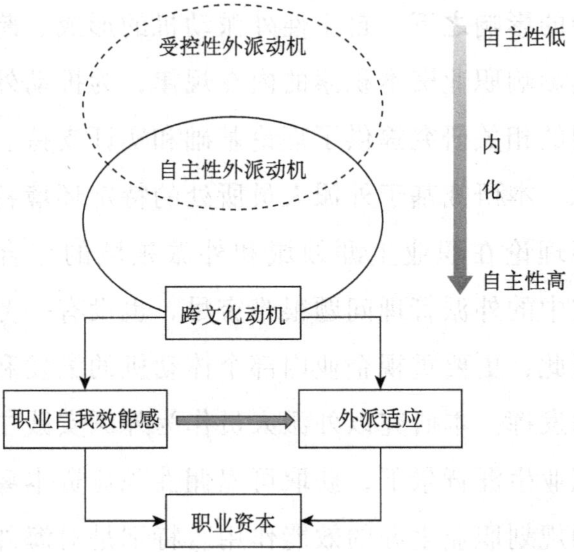

图 1.2 总体研究框架

第 2 章

文献综述

2.1 国际外派

2.1.1 国际外派的相关研究

市场全球化推动了各国跨国公司的全球化发展、战略联盟部署和网络建立。美国、日本、英国和德国率先建立了全球跨国公司并开发全球市场，Tungli 和 Peiperl（2009）通过对这些国家跨国公司的外派管理进行比较，发现企业国际外派任务具有一定的一致性，国际外派任务主要包括开发、协调和控制新业务，转移和推动技术进步，并给予外派人员和当地国民以适当的职业发展机会。为了满足组织国际化管理的需求，外派人员是不可或缺的活动主体，Dowling 和 Welch（2004）认为外派人员是指为企业派往海外某国家或者地区执行临时性的外派任务以达成组织目标的个人，Harris 等（2016）认为外派人员是由母公司任命，就职于外派当地子公司的母国公民或者第三国国民，外派期限通常为2—5 年。学者们对企业将员工外派至海外的共同原因进行了总结，主要包括知识转移（Park & Mense - Petermann，2014）、跨文化互动（Black et al.，1991）和跨国经营管理（Harzing，2001）等。

国际环境的剧烈变化使得国际外派已不仅限于公司支持的外派（Corporate - Sponsored Expatriates）或者以任务为导向的外派（Assigned Expatriates），自发式外派（Self - Initiated Expatriates）的大量增加成为全球职业生涯的重要表现形式。然而，Baruch 等（2016）对国际外派和回任（Expatriates and

Repatriates，E&R）进行系统回顾，认为当前国际人才流动的方式之一依旧是企业国际外派和回任，由此，为职业生涯领域和国际外派领域研究的结合，以及进一步探讨无边界职业生涯（Boundaryless Career）框架下国际外派的职业资本（Career Capital）价值提供了理论和实践依据（Altman & Baruch，2012；Doherty，Dickmann，& Mills，2011）。

我国学者对于外派相关的研究起步较晚，已有的外派理论框架也是建立在国外学者的理论研究基础之上，但国内学者依旧紧跟国外形势，研究以外派适应和回任适应及其前因后果研究为主（刘俊振，2008；刘新荣，2008；叶晓倩，2010）。国内学者通过对不同外派阶段的总结分析，发现目前研究主要集中在外派前的人员选拔、培训和指导、薪酬激励，外派期间的跨文化适应、压力应对、绩效考核以及外派后的回任管理和职业生涯管理以及外派人员的失败研究等（曹礼平、李元旭，2008）。已有的多数研究从外派现象出发，重点关注外派过程的各个阶段节点，缺乏一定的理论支撑。例如外派人员跨文化适应、外派人员心理契约和外派绩效、外派回任失败等研究，这些研究都较为分散，尚未形成系统性的外派理论体系（史雪琳，2017；何滢，2014；张明，2013；何燕珍、王玉梅，2013；李苹，2010）。

2.1.2 外派适应的相关研究

所谓“外派适应”，主要是指外派人员个人和环境适配的程度或者对异域文化方方面面的心理舒服和熟悉程度（Black &

Stephens, 1989; Harrison, Shaffer, & Bhaskar - Shrinivas, 2004)。很多学者都对外派适应的维度和结构进行了探索。学者Black为外派适应研究奠定了一定的基础，Black等（1989）提出外派适应主要包括工作适应（Work Adjustment）、互动适应（Interaction Adjustment）和一般适应（General Adjustment）三个方面，并由此构建了模型框架（Black, Mendenhall, & Oddou, 1991）；而学者Haslberger等（2013）认为外派适应的结构应当是认知适应（Cognitive Adjustment）、情感适应（Affective Adjustment）和行为适应（Behavioral Adjustment）。基于Black的思路和模型，学者们逐渐开始关注外派适应的相关研究，并对前因后果进行积极的探索。

心理健康是各项外派适应的核心要素，外派适应的过程也是外派人员对于压力应对和处理的过程（Herman & Tetrick, 2009）。具体而言，Black（1988）是最早对外派适应进行实证研究的学者之一，他提出的外派适应分为三个维度在外派研究领域具有开创性的意义。其中，一般适应指的是外派人员对东道国社会文化环境、生活条件和食物等外派整体状况的心理舒适度；工作适应指的是外派人员对于外派当地的工作观念、组织文化、组织期望等工作状况的心理舒适度；互动适应则是指外派人员在跨文化环境中，与当地人进行沟通交流而达到的心理舒适状态。Black提出的外派适应内涵和相应的维度接受度较为广泛，国内学者也对此进行了一系列的研究。国内学者王玉梅、何燕珍（2014）通过对180名中国外派人员的调查，发现外派管理实践对跨文化适应具有正向显著的影响，周燕华、崔新健（2012）也对外派适应的前因进行探索，研究发现外派人员和当地居民的社会网络对外派适应的影响具有差异性，文化距离能够显著正向调节网络紧密度对一般适应的影响。还有学者探索了个人特质，例如文化智力对跨文化适应的影响，结果显示动机性文化智力对一般适应、工作适应和互动适应都具有正相关的关系。

与此同时，学者们还进一步开发了外派适应的测量工具，推进了外派适应的量表开发。Black（1988）最早开展了相关实证研究，并在此基础上开发和丰富了基于工作适应、一般适应和互动适应三个维度的外派适应量表，并推广了该研究成果。国内学者也对跨文化适应量表进行了探索，杜红、王重鸣（2001）将中国外资企业的管理者作为样本，开发了包含两个维度的跨文化适应量表，两个维度分别是管理决策适应和人际合作适应。

2.1.3 研究述评与展望

通过对我国企业外派现象的观察，以及对大量文献的查阅和分析发现，中国文化背景下的外派研究进展较为缓慢，已有的研究范式并无新的突破。研究缺乏对中国情景下外派适应的内涵探索，且研究框架大多局限于 Black 等的外派适应模型，多数研究基于对变量间关系的检验，仅对现象进行了描述和论证，缺乏对内在机理的探索性研究（何燕珍、王玉梅，2013）。外派适应需要一定的过程，研究者还应当对适应过程的动态变化给予充分关注，Firth 等（2014）发现外派动机和外派压力的动态变化对外派工作适应的影响，并进一步预测了对任务满意度和归国意向的作用，Zhu 等（2016）的研究也显示外派适应具有动态变化的过程，且适应状态通过信息不断获取而逐渐增强。此外，测量工具也较为落后，Black 等开发的三维度量表是目前运用最为广泛的外派适应测量工具，杜红和王重鸣（2001）的两个维度外派适应量表，由于研究对象是在华的跨国公司管理者，该量表的应用范围有限。在信息科技发展的冲击下，人们的生活也随之发生翻天覆地的变化，信息获取的快捷性和便利程度显著提高，由此外派人员对东道国和跨文化环境的认知受到巨大的影响，外派适应的内容和方式也可能就此发生改变。因此，后续研究可以对外派人员跨文化适应量表进行补充和完善，特别是针对不同文化背景外派人员跨文化适应进行比较研究。

近些年，随着我国企业外派人员数量的急剧增长，中国情景下组织的外派管理和外派人员个人的跨文化适应问题亟待解决。现有的国内研究针对该问题大多数是从组织层面和个人层面分别论述，忽略了个体的跨文化动机以及个体与组织的动态协调过程，缺乏将组织发展目标与个人职业发展目标统筹安排的战略思维。具体到中国情境下的外派管理，外派人员在外派过程中多数以任务为导向，但又缺少工作和生活上的“领路人”，导致员工内心孤独感加重、文化适应缓慢、工作效率低下，最终无法顺利完成外派任务绩效，导致提前回国甚至外派失败；又或是员工完成了外派任务，却在回国之后没有得到应有的待遇和晋升机会而无法适应国内工作环境，遭遇职业发展瓶颈。这一系列外派现象的产生，会使外派人员和其企业受到双重损失，需要企业管理者重新审视对外派人员的管理行为，重视外派人员的职业发展并为其规划与组织目标相匹配的职业发展路径，避免企业人才开发不当和人才流失。因此，随着全球经济一体化的进程，跨文化适应的现象还会出现更复杂的变化，研究视角和研究方法还会有新的变化，持续挖掘国际外派成功的内在机制，会使该领域研究的理论和实践价值更加深厚丰富。

2.2 外派动机

2.2.1 外派动机的相关研究

动机是驱动个体行为以实现某种目标的直接动力，是对个体产生激励作用，从而产生行为活动的心理动力（车丽萍等，2016）。具有外派动机的个体认可国家外派的价值性，将外派任务作为挑战而并不会因为外部环境的不确定性而退缩。由于企业外派具备跨文化情景的特征，外派动机受到跨文化环境的影响。因此，在本研究中，外派动机是指企业外派人员体验跨文化环境、达成外派绩效、实现个人成长的单一或者复合目标的心理动力。

国际任务非常具有挑战性，部分原因是外国业务的不同文化背景，需要外派人员付出大量努力来适应和有效地执行任务。关于外派动机的研究数量有限，主要集中在调整和态度结果（Harrison，Chadwick，& Scales，1996）。国外学者 Ang 解释了跨文化动机以及如何促进外派效率的提升（Ang et al., 2008；Earley & Ang, 2003）。另外，基于特征激活理论，Tett开发了一个跨层级的模型，在该模型中，上下文边界条件调节了外派动机促进外派效果的程度（Tett & Burnett, 2003）。根据特质激活理论，一种特质更有可能转化为工作行为上的有意义的差异，从而在更容易接受和接受这种特质的表现的情况下表现出来。虽然特质激活理论主要关注人格特征，但Tett和Burnett（2003）指出，该理论也适用于动机属性及其产生的动机表达，可以作为描述外派跨文化动机与工作适应关系的上下文调节因素的有用框架。

动机包括决定行动方向、强度和持久性的心理过程（Kanfer, 1990），它还包括个人调动个人资源（如技能、时间、注意力）来选择和完成与工作相关的目标的过程。工作动机文献已经确定了激励过程的认知预测因子，如自我效能（Bandura, 1999）和内在动机（Deci, Connell, & Ryan, 1989）。Ang等提出，更多具有跨文化动机的个体“基于内在兴趣，对跨文化情境的直接关注和经历”。也就是说，跨文化动机的自我效能感和内在动机维度结合在一起，在跨文化情境中产生动机效应，从而加强外派适应能力，即那些工作效率更高、对工作本身更感兴趣的员工，更有可能积极参与与工作相关的工作，并为完成工作投入更多的精力和时间（Kanfer, 1990；Kanfer et al., 2008）。

文化智力提出以来，学者们重点关注的并不是特定的文化背景和能力。在测量工具开发方面，美国学者Ang提出的文化智力（Cultural Intelligence）量表来测量外派跨文化动机，主要是基于多元智力的理论框架（Earley & Ang，2003），大多数跨文化能力衡量的是混合能力和个性，虽然许多量表与文化智力的条目内容类似，但目前没有确切量表能够系统评估智力，并且缺乏理论基础。具体而言，文化智力的四个维度应当结合现有与跨文化能力相关的研究，整合出一个系统的理论基础。因此，将文化智力作为一种智力形式的基础，由五项动机文化智力量表（CQ）用来衡量外派人员的跨文化动机。

2.2.2 外派动机的理论基础

（1）需要层次理论和人本主义需要理论

需要层次理论和人本主义需要（Existence、Relation、Growth，ERG）理论为个体动机的具体内容和需求层次提供了科学的说明。人本主义心理学家 Maslow（1981，1987）在其专著《人的动机理论》和《动机与人格》中提出并阐释了需要层次理论（Hierarchy of Needs Theory），其主要观点是将个体的需要层次从低级至高级分为五种需求，分别是生理需要、安全需要、归属和爱的需要、尊重需要、自我实现需要。其中：生理需要与个体生存息息相关，是个体最初级，也是最基础的需要；安全需要与个体身处社会和组织中的安全感相关，是个体为了避免不安全感而对稳定、有序和可预见性的需要；归属和爱的需要与个体作为社会人而建立关系相关，是个体对健康、友善和亲密关系的需要；尊重需要与获取自我认可和他人认可相关，是个体的身份和能力受到他人重视和尊敬，以及对获取自我独立、自信和自由的需要；自我实现需要与个体自我潜能的发挥有关，是个体基于清晰的自我认知而对自我充实和满足的需要。该理论认为生理和心理健康的个体从外部环境就能够获得生理、安全和归属的满足，是较为低级的需要。尊重和自我实现的需要则是层级较高的需要，在满足低级需要的前提下，个体才会进而追求高级需要。事实上，个体在社会中的行为活动往往伴随着无尽的高级需要，而个体会不断地追求以得到相对满足的状态。

学者 Alderfer（1969）也提出了个体需要的层次性观点，但不同于需要层次理论，该学者提出的 ERG 理论包括生存需要、关系需要和成长需要。其中，生存需要结合了需要层次理论中的生理需要和安全需要，是为个体的生存保障；关系需要则是对和谐人际关系的需要，相当于归属和他人尊重需要；成长需要是对自尊和自我实现需要的结合，即对个体成长和发展的需要。该理论认为每个层级的需要满足程度不同，满足程度越低，个体对该层次需要的欲望就越高。综合两种理论，可以看出需要层次理论具有层级性，高层级需要的满足都是以低一级需要的满足为前提和基础，而 ERG 理论则认为个体的三层次需要可以并存，且不加以强调各层级之间的秩序性。此外，ERG 理论认为个体在满足某种需要之后，会加强其激励作用并形成更为显著的动机。特别地，ERG 理论存在需求倒退的观点，即高级需要无法满足时，个体会转而追求低层次的需要。然而，需要层次理论则认为需要满足之后就不会产生激励效果，并且个体的需要未得到满足时，并不存在退而求其次的观点（车丽萍等，2009）。

（2）自我决定理论

自我决定理论及其子理论为研究社会环境中个体动机的产生和发展提供了坚实的理论基础。美国心理学家 Deci 和 Ryan 提出的自我决定理论作为人本主义的动机理论，假设个体作为能动的有机体，为了满足基本心理需要，具有先天追求个人成长和发展的倾向性。一般来说，外部环境对个体社会化过程往往起到支持或阻碍的作用，而个体基本心理需求的满足与否决定其行为活动的有效性。该理论辩证地阐释了外部环境对内部动机的影响以及外部动机转化的过程，揭示了外部干预对个体动机的影响机理（张剑等，2010）。

自我决定理论包含五个子理论，分别是认知评价理论（Cognitive Evaluation Theory）（Deci，1975；Deci & Ryan，1980）、有机整合理论（Organismic Integration Theory）（Ryan & Deci，2000；Deci et al.，1994）、基本心理需求理论（Basic Psychological Needs Theory）（Deci et al.，2000）、因果定向理论（Causality Orientations Theory）和目标内容理论（Goal Contents Theory）（Deci & Ryan，2002）。其中，认知评价理论解释了控制性和信息性的外部环境对个体内部动机产生的削弱或促进作用，其关注焦点在于揭示外部环境对个体基本心理需求的影响，进而对内在动机的影响。基本心理需求理论反映了自我决定理论的核心假设，即自主、胜任和关系需要是个体心理成长的基础。当外部环境满足这三类需要时，个体能够具备开展活动的意志和意愿，有助于促进自主性动机的形成；反之，个体的需要没有被满足时，其行为受到较强的控制感，从而表现出受控性动机或者无动机。有机整合理论强调了外部环境因素能够干预个体的外部动机，并不断进行内化调节的过程。该理论突破了以往的动机二分法，提出个体动机依据自主性水平可分为外部调节、内摄调节、认同调节和整合调节，并处于内化程度不同的连续体之上。因果定向理论为个体动机取向的差异性提供了解释，即个体的动机取向差异是由于内部资源的储备不同。动机取向具体包括自主定向、控制定向和非个人定向，每种定向既相对独立，又与外部环境因素共同作用于个体动机并不断内化。目标内容理论的提出是对基本心理需求理论的进一步发展，该理论认为个体心理健康和幸福感与目标内容有关，其中，相较于外在目标而言，内在目标更有助于提升个体幸福感。

（3）自我效能理论

自我效能理论关注个体的自我效能感在动机自我调节过程中发挥的关键作用，阐释了个体动机的激发和产生具体行为之间的内在机理。

①自我效能的动态性

学者 Bandura（1986，1991）认为自我效能感是一个焦点决定因素，因为它直接影响行为，并通过它对其他激励因素产生影响，这些激励因素包括一组对未来行动方针的结果预期，可能是物质成本和利益、社会损害和利益、积极和消极行为的自我评估等。自我效能感阐明了当不同激励系统处于互补或冲突的状态时，它们是如何发展和协同工作的（Bandura，1986），即通过自我反应机制基于价值体系的认知目标和个人标准的运作，自我效能感的作用是能够进一步激励和指导个人行动的。另外，外部环境的结构特征以及个体如何看待它所造成的障碍和它所提供的机会——也影响着人类行为的进程，其中，低自我效能感的人在遇到制度障碍时，很容易相信努力是徒劳的，而高自我效能感的人会找到克服这些障碍的方法（Bandura，2010）。

自我效能信念通过认知、动机、情感和决策过程影响个体的决策以及决策质量。具体来说，人们对自身效能的信念会影响他们是悲观还是乐观，是自我激励还是自我削弱。自我效能信念通过为自己设定的目标、对结果的预期以及对成功和失败的因果归因来影响人们在面对困难时如何激励自己和坚持不懈。人们对自己应对能力的信念在情绪状态的自我调节中起着关键作用，这会影响他们的情绪生活质量以及他们面对压力和抑郁的脆弱性。自我信念促进自我发展和改变的最后一种方式涉及选择过程，这些信念会影响人们考虑的一系列选择，以及他们在重要决策点作出的选择。通过对活动和环境的选择，人们设定了自己的人生道路和自己的未来。

人格特征及其理论范围对自我效能的使用有重要的社会影响。对于自我效能理论的预测和逻辑推导，在很大程度上倾向于选择人们所拥有的特质为基础。自我效能理论作为一种涉及广泛的预测和变革的理论，能够提供可操作性的知识，使人们发展和满足期望及改善他们的生活条件的同时，也相应扩大了该理论的影响范围。然而，社会认知理论拒绝由个人能动性和社会结构组成的二元性，主要是因为人类的活动根植于社会系统中，它们相互依赖地发挥作用，例如人们创造社会系统，反过来社会系统的授权规则会影响人类实践发展和功能的发挥。

自我效能感处于动态变化和发展之中。对自我信念结构及其反应系统的检验证实了人们对自身能力的信念在不同的活动领域和情境中有所不同，而不是在不同的任务和情境中一致地表现为统一的共性。

关于自我效能感的来源，人们对自身能力的信念有四种发展方式。第一种是通过掌握经验。如果人们只经历简单的成功，他们就会期待迅速的结果，并且很容易被挫折和失败打击。弹性自我效能感需要通过坚持不懈的努力来克服障碍的经验。韧性也是通过学习如何管理失败而建立起来的，这样失败就能提供信息而不是让人泄气。第二种是通过社会模仿获得替代性经验。看到与自己相似的人通过不懈的努力获得成功，会激发观察者对自己能力的期望和信念。第三种是社会说服。如果人们被说服相信自己，他们在困难面前会更有毅力，决心增加成功的机会。人们被鼓励以自我提高而不是战胜他人来衡量成功。人们在一定程度上也依赖于他们的身体和情感状态来判断自我效能感。功效信念可以通过减少焦虑和抑郁、增强体力和耐力、纠正对身体和情绪状态的误读来增强。第四种是生理和情绪状态。人们往往会通过生理和情绪反馈的躯体信息来判断自我能力，特别是在需要身体参与、运动和应对应激的活动领域中，个体对于自我效能的判断来自生理的反馈信息。一般来说，激烈的情绪唤起和紧张的生理状态会阻碍行为操作，个体对成功的预期也会有所下降，生理和情绪状态通过对认知的加工进一步影响自我效能感，学者们发现积极的情绪状态有助于增强自我效能知觉感，低落的情绪则相反（郭本禹、姜飞月，2008）。

②跨文化环境与自我效能

不同的文化背景、规范、价值观、习俗、偏见和潜在假设都影响着个体效能信息的获取和认知加工，从而对个体的自我效能产生明显的影响。由于社会认知理论建立在一个动态的观点上（Bandura，2006），即作为一个具有能动性的个体，可以通过个人的行为对其功能和事件进程施加有益的影响。社会认知理论认同一种基于三元相互因果关系的随意结构（Bandura，1986）。在这种三位一体的共同决定中，人类的功能是内在影响、个人参与的行为和影响他们的环境力量相互作用的产物。因为自我效能感是其中的一个组成部分，是这种动态相互作用的决定性条件的一部分，人们能够在塑造事件和他们的生活过程中发挥自己的作用。

在三方共同作用的过程中，环境的重要性不容置疑。环境并不是一种单一的力量。从动态视角出发，能够区分三种类型的环境——强加的、选择的和构建的。不管人们喜欢与否，强加的环境都会对他们产生直接或者间接的影响。然而，在大多数情况下，环境只是一种潜力，除非被选择和激活，否则不会主动形成影响。事实上，个人选择的活动和环境正影响着他们的生活，人们选择和创造环境使他们能够更好地控制自己的生活，其中环境的可变性使得以自我效能判断为基础的个人动态能力也随之增加。

③职业生涯与自我效能

职业自我效能是班杜拉提出的自我效能理论在职业领域中的具体应用。从20世纪80年代初开始，有学者开始运用班杜拉的自我效能理论来研究职业生涯中的问题。最初的研究是运用“自我效能”概念来解释大学生职业选择中性别差异问题，研究认为女性在非传统女性职业领域的占比不足是她们的低自我效能感所导致的。之后，自我效能理论由研究女性职业选择问题转向了研究所有人的一般职业选择和发展问题。

自我效能理论在职业领域的应用强调个人、背景和学习对职业选择行为的影响，并强调个体的追求和认知作用。如Holland（1997）认为，在理想的情况下，人们会选择与兴趣一致的职业，但基于社会认知理论的自我效能理论认为目标是兴趣与行动之间的重要中介。社会认知理论将自我效能理论作为基础，不仅重视与认知有关的能力，还突出了个体自我效能感的动力作用，即对自我能力的感知、知觉或者信念的动力性。从人本主义和认知理论结合的角度来看，即将个体视为积极主动的、具有个体能动性（Personal Agency）或以自我导向（Self-Direction）为主的人（龙立荣等，2002）。

社会认知职业理论不仅注重社会认知理论的主体作用，也对具有影响力的行为理论进行借鉴和吸收，在社会认知理论的基础上更向前迈进了一步。由此，职业自我效能感的内容也可以从两个方面来看：一是与职业内容相关的效能感，即个体对于完成具体的职业任务的意志和信念力；二是与职业发展行为相关的效能感，即个体对于完成职业行为过程和达成行为目标的信念。高职业自我效能感的个体在进行职业选择和决策时更具有信心。另外，该理论结合期望理论和目标设定理论，认为动机＝期望×效价，期望等同于自我效能，效价与对结果的预期相关，这两种理论在解释人的行为动机时更加注重对原因的探索或者动机形成的过程，尤其是在职业兴趣、职业能力、职业价值观等对职业选择的作用方面，具有较强的解释力，由此对职业发展的本质认识得更加清楚。

2.2.3 外派动机的研究述评

学者 Yao 等（2015）从儒家思想的视角对中国企业外派人员的外派动机进行了初探，以儒家哲学中弘扬德行的“仁、义、礼、智、信”为基础，构建了“秩序、等级、互惠、控制、不安全感、家庭和知识”七个维度的外派动机。事实上，本研究发现青年外派人员在当前外派群体中的占比较大，青年一代外派人员的思想和思维方式更为开放，更具备国际视野，尽管该研究突出了个体动机的中国传统文化表达，但是运用传统的儒家思想来构建个体的动机理论框架过于笼统，仍然缺乏与动机理论的结合和深化。此外，有关外派动机的实证研究并不丰富，“压力源—压力—应对压力”的理论框架被广泛运用在外派研究领域，其中，学者们不断拓展外派结果的前因变量，有学者从不同理论视角论证了外派驱动力对外派适应的影响，验证了跨文化动机对工作适应的积极影响（王泽宇等，

2011），但并未对外派动机进行深入研究。还有学者将动机视为个人特质，运用特质激活理论阐释了企业外派人员动机的属性和表达，并证实了跨文化动机对外派有效性的积极影响（Gilad，2010）。

目前，外派领域的研究中尚未对外派动机有统一的定义。有学者提出外派人员主动争取国际任务的意志是为外派动机，而“推拉理论”能够解释个体动机的来源和形成。（刘俊振，2008）。事实上，企业外派人员的外派动机类型较为复杂，国内外只有少数学者对其进行探索，大致涉及经济收益、职业发展、家庭因素、探索新鲜领域、逃避现实等几个方面。然而，多数外派动机的分类缺乏理论依据（冯娇娇等，2017）。

2.3 职业资本的相关研究

对企业而言，外派人员是企业进行国际人力资源管理的人才资源保障。对个人而言，外派经历是特殊且不可复制的经验。尤其对于年轻的外派人员来说，在职业生涯中拥有海外工作经历，更可能在全球竞争市场中帮助企业保持和实现竞争优势。目前，西方国家已有许多关于企业外派（外派前、外派中、外派后）的研究，包括外派前的人员甄选、培训和开发（Mendenhall et al.，1987），外派中的跨文化适应（Black，Mendenhall，& Oddou，1991）、外派绩效和外派成功，外派后的回任适应、管理与发展等（Lazarova & Caligiuri，2001）。

在企业外派研究的基础上，面对日益复杂的全球化组织情境，如何规划和管理国际化人才的职业发展道路，如何有效提升外派人员的职业资本成为企业国际人力资源管理实践中亟待解决的问题。基于此，西方学术界在企业外派研究的基础上逐渐展开了对职业资本的相关理论研究。然而，当前国内有关企业外派与职业资本的研究较为匮乏，只有少数学者对其进行了初步的探索，如周文霞（2015）通过回顾和梳理西方国家有关职业胜任力的研究，指出职业胜任力作为个人的职业资本，有助于提升职业发展、职业成功率和企业竞争力。这与中国企业“走出去”、推进“一带一路”建设的实践要求极不相称，考虑到中国企业国际化过程中挑战和机遇并存，跨文化管理背景下职业资本的构成及发展方式是企业和个人共同关注的焦点，因此，将西方职业资本理论与中国本土管理实践结合起来，探索外派人员职业资本获得和积累方式，有利于完善中国组织文化背景下的职业资本框架。因此，本研究通过回顾国内外职业资本研究的发展现状，整理了外派人员职业资本理论中的认知方式、关键领域、表现形成和测量，归纳概括了职业资本的影响因素和影响结果，并对职业资本的研究进行了评价与展望，以期为管理实践界提供理论依据和参考。

2.3.1 职业资本的定义

“职业资本”（Career Capital）被认为是一个涵盖了员工在其职业道路上成功所需要的一系列能力的概念。“职业资本”概念的源起可以追溯到“职业胜任力”概念的提出，Defillippi

和 Arthur（1994）指出职业胜任力来自一系列关于企业能力及其战略和竞争含义的研究，这些研究涉及与企业文化、专业知识和网络广泛相关的重叠能力领域。企业竞争力的每一个领域都有相匹配的职业胜任力，分别来自职业资本的三种表现形式，如表 2.1 所示。Jokinen 等（2008）发现自发外派和组织外派都是一段重要的学习经历，能够提升职业胜任力，使外派人员能够在未来职业发展中从事更具有挑战性的工作。

表 2.1　企业竞争力、职业胜任力与人力资源管理中常用方法之间的关系

基于企业的竞争力	职业胜任力	职业和人力资源管理相关的方式
文化	认同、价值观、兴趣	社会化、团队建设、组织的职业发展
技能	知识、技能、能力	工作分析、工作设计、绩效评估、培训和开发
网络建设	组织内部关系 组织间关联 专业人士关系 社交关系	人际关系、顾客关系、导师项目

资料来源：Defillippi R J，Arthur M B. The boundaryless career：a competency - based perspective［J］. Journal of Organizational Behavior，1994，15（4）：307 - 324.

与传统的胜任力研究和近期的全球思维研究相比，Jokinen（2010）认为职业胜任力结合了行为和认知/心理两个方面，而不单纯强调其中任何一方。然而，在越发激烈的国际职业竞争中，职业胜任力无法保持一成不变；Dickmann 和 Harris 基于资源基础观（Resource - Based View，RVB）提出由“三种认知方式”组成的组织和个人职业资本，如图 2.1 所示，分别是 Knowing – How（知道如何做）、Knowing – Whom（知道是谁）、Knowing – Why（知道为什么），这三种职业资本在互动中不断积累和增长。

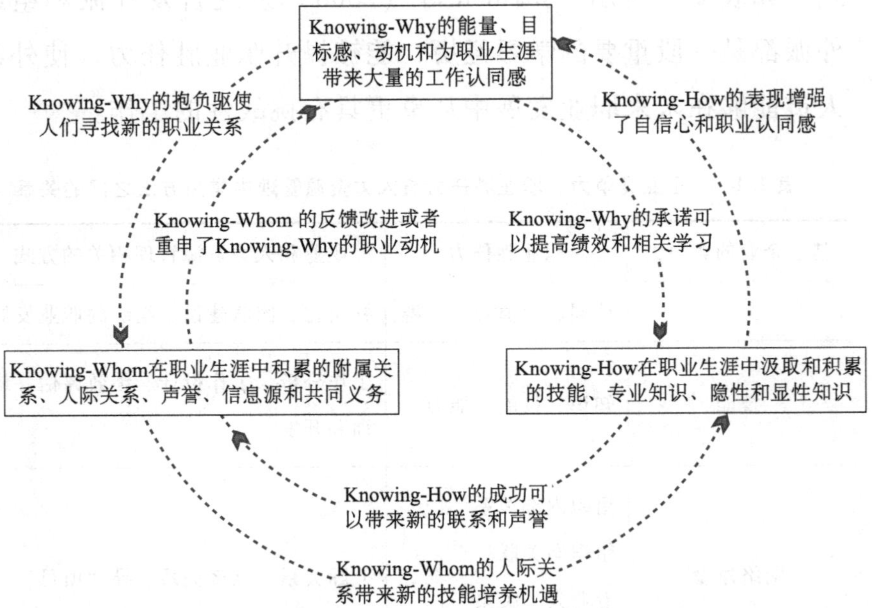

图 2.1　职业资本的三种认知方式和积累过程

资料来源：Inkson K，Arthur M B. How to be a successful career capitalist [J]. Organizational Dynamics，2001，30（1）：48 – 61.

全球化视野下的个人职业发展更需要各项职业资本的流动和转换。Dickmann 和 Harris（2005）研究发现外派人员的海外工作经历构成了独特的职业资本，是评估全球竞争力的重要方式。尽管企业选拔外派人员和设计适当的甄选程序时会面临困难，但还是有越来越多的企业将外派经历视为职业成功的关键。Dickmann 和 Harris 采用双重依赖的视角，考察了国际任务对跨国企业中的个人职业资本发展的贡献，并通过访谈法总结了个人和组织在实现目标时的关键职业资本领域和方法，如表 2.2 所示。

表 2.2　关键的个人和组织职业资本活动

职业资本	职业资本领域	关键的个人职业资本活动	关键的组织职业和人力资源管理活动
知道如何做	隐性和显性知识、技能和能力	一般地，"知道如何做"被视为基础 本质：大多数非正式的国际开发任务都能增进对一般业务的了解并提高自信心 方法：在职学习、正确的工作行为、国际任务	"知道如何做"是最重要的活动 本质：正式的竞争力框架，培训在使受让人接触更广泛的管理问题方面具有重要作用 方法：职业路径工具、在职学习、国际任务
知道为什么	认知、价值观和利益	"知道为什么"的重要性随任期增加 本质：非正式的、新兴的、基于经验的因素塑造了"知道为什么"国际任务，挑战自身信念、创造更多意识和鼓励自我反省 方法：组织文化和声誉、机遇和挑战的感知	"知道为什么"活动实质 本质：正式的职业系统，反馈和指导重要的国际任务，为外派人员创建一个全球思维和当地意识 方法：职业交流和训练

续表

职业资本	职业资本领域	关键的个人职业资本活动	关键的组织职业和人力资源管理活动
知道是谁	公司内部，公司之间，职业和社会关系	“知道是谁”最重要 本质：主动性，对于目前的工作和未来的职业发展，个人的利益是至关重要的 方法：内外部网络，分配的导师或者自发寻找的赞助者	“知道是谁”活动管理最少 本质：上级作为发起者，国际任务为外派人员增加了更多的建立人脉的机会 方法：内部网络活动，职业生涯早期的人力资源“所有者”

资料来源：Dickmann M，Harris H. Developing career capital for global careers：the role of international assignments［J］. Journal of World Business，2005，40（4）：399－408.

外派人员的职业资本是具备国际经验的个人在不同形式的海外经历中，获取、转移和流动的各项资本。关于跨文化背景下的职业资本流动和增长的研究较多，其中突出的问题主要集中在外派劳动力短缺、外派管理者国际竞争力不足、外派失败导致的人才流失和企业亏损、外派人员职业生涯管理系统不完善等。Stroh 等（1998）指出外派回任人员往往面临无法在母国公司运用国际经验和技能，但是，这通常与回国后的工作种类和水平有关，而不是与技能的不可转移有关。越来越多的研究表明，国际任务对个人是有好处的，即使它会导致外派人员在另一个组织中寻求职业生涯。Petra

等（2018）运用半结构化访谈的形式探讨移民在进入奥地利劳动力市场时如何迁移、获取和转换文化、社会和经济资本，探讨了个人与组织在人力资本投资之间的相互作用及其对移民职业成功的影响，这项研究对于个人职业资本的增长提供了新的视角，即结合了个人和组织双重视角来分析人力资本的流动。

2.3.2 职业资本的内涵

在国际职业背景下的职业资本研究中，学者们为外派人员职业发展前景提供了一个广泛的理论框架（Defillippi & Arthur，1994；Suutari & Mäkelä，2007；Cappellen & Janssens，2001）。这一框架下的三种职业资本形式（“知道如何做”“知道是谁”“知道为什么”），并不会因为个人完成国际任务之后而过时（Dickmann & Doherty，2008）。职业资本在不同国际任务中的可转移性对个人和企业都非常重要（Jokinen，2010），尽管 Parker 等（2009）认为三种职业资本形式分别表示了个人所拥有的人力资本、社会资本和心理资本，但是在跨文化环境中，三种形式的职业资本在相互影响和流动中得以积累，并非单纯依靠某一特定资本。

（1）知道如何做

指个人的职业能力，包括技能、专业知识以及工作相关知识等（Defillippi & Arthur，1994；Barham & Wills，1992）。Forbes 和 Piercy（1991）认为人力资本是与职业相关的知识、技能和经验，常被学者们确认为人力资本的要素包括：受教育程度、工作任期、认知能力（Tharenou，1997）、周工作时数、组织任期、职业规划、政治知识与技能（Ng et al.，2005）、个人学习和培训等。而“知道如何做”则将显性知识、隐性经验、软技能和技术专长结合成一种特定形式的职业资本，强调职业而不是与工作相关的学习。拥有外派经历的管理者，将具有国际经验的认知框架或模板引入不熟悉的情况或新的环境中（Biemann & Braakmann，2013），通常能降低职业学习冲突，并形成一个应对复杂的多部门协调工作的框架，以提高与工作相关的知识和技能（Defillippi & Arthur，1994）。因此，国际经验可以加强所需要的知识和技能，减少错误的发生并为管理人员提供直接的机会来获得新的技能和知识，从而提高他们的“知道如何做”资本能力（Lee，2018）。

（2）知道为什么

“知道为什么”能让个人充满活力、动机、目标感和对工作的认同感，并反映影响个人发展事业方式的价值观、意义和兴趣（Jones & Lichtenstein，2000）。“知道为什么”包括追求某一职业道路的动力、信心和自信（Barham & Wills，1992），而外派人员的国际经验会改变和发展个体有关职业的潜力、动机和兴趣（Jokinen et al.，2008）。毫无疑问，外派人员在跨文化的生活和工作环境中会经历各种疑惑和困难，强有力的心理支持和社会支持在整个外派过程（外派前、外派中、回任后）中必不可少，能够帮助外派人员解决疑惑和克服困难。心理资本作为个体的积极的心理特征和要素，指能促进个体积极发展的内部心理资源，主要表现为符合积极组织行为标准的四种心理状态，即希望、乐观、坚韧及自信（Hosen et al., 2003）。

Takeuchi 等（2005）的研究表明，应对新的组织环境时，尤其当管理者面对生活和工作的不确定性时，掌握国际经验是作为一个积极主动的个体能够有效发挥作用的必要条件。部分研究从团队角度出发，管理者激发团队成员的高度团队意识并促进集体合作行为，运行国际商务相关的复杂合作与协调事宜，这些都依赖于管理者自身的国际经验（Feldman & Thomas, 1992；Suutari & Brewster, 2007）。还有研究从个人角度出发，管理者的职业认同感和职业抱负也受到国际经验的影响，即使遇到挫折也会表现出主动和坚持（Lee, 2018）。综合“知道为什么”的内涵以及心理资本的内涵，心理资本不仅包括希望、乐观、坚韧、自信和积极情绪等状态类（State - Like）的心理资本，也包括那些和工作行为与角色紧密相关的特质类（Trait - Like）心理资本，如主动性人格、自尊、控制点、核心自我评价、责任心等。因此，“知道为什么”与个人对未来职业的信心有关，并被认为能带来提高绩效的承诺，使个人在工作中有目标感、认同感和方向感（Dickmann & Doherty, 2008）。

（3）知道是谁

“知道是谁”包括组织内部、组织之间、专业和社会关系的网络组合，反映了与职业相关的互动网络（Duxbury & Higgins, 1996）。DeFillippi 和 Arthur（1994）的研究表明，企业使用指导项目与客户和公司内部的网络来支持社会资本积累；社会资本是指个人在组织内外部社会网络关系的数量与质量。数量主要指个人所拥有的社会网络关系和网络结构特点，社会网络关系越多、网络结构异质性越复杂，社会资本越丰富。质量是指镶嵌在社会关系和网络中的社会资源——权力、财富和声望。

相较而言，“知道是谁”资本更加注重互动网络的质量，是由个体结识可能有助于他们自身职业发展的人而产生的。该资本能力涉及个体的工作关系，包括职业和内部的公司关系，可以支持个人的职业生涯，也包括与家人、朋友、校友、专业人士和社会熟人的广泛联系，例如 Dickmann 和 Harris（2005）的研究显示通过外部支持（导师指导行为或教练行为）能够进一步加强网络构建，获得更多的知识和机会，并使管理者更有效地开展工作。另外，Carpenter 等（2001）的研究表明具有国际经验的管理者可以有效地连接多种网络以获得支持，管理跨国组织的复杂事务，并确保出色的任务绩效达成。还有研究指出，具有国际经验的管理者创建了大量非正式和正式的网络，以保持强大的关系网，并促进新的“知道是谁”职业资本的形成（Carpenter et al.，2001；Berthoin，2000；Mäkelä & Kristiina，2007）。Dickmann（2005）指出“知道是谁”资本能力在外派期间遭受了损失，例如外派人员的背景特征可能会减少个人在外派期间获得该项职业资本的机会（Rodriguez & Scurry，2014）。

另外，国内学者周文霞（2018）基于心理资本、人力资本和社会资本的理论，提出了一个有中介和调节作用的个体层面职业成功影响因素的综合的资本论模型，即这三项资本是预测个体职业成功的三大类变量，其中心理资本是最基础的变量，它通过影响个体人力资本和社会资本的获得，进而影响职业成功。尽管这只是该学者根据访谈和文献分析的理论推导结论，但为我们理解和推动职业资本领域的研究提供了重要的理论支撑。根据资源保持理论，个体的心理资本越高、心理资源越多，其释压能力越强，越容易实现职业目标以及职业成功，并且作为一种无形资本，心理资本比人力资本和社会资本更为重要，可以提升个体内在动机。

2.3.3 职业资本的测量

在测量工具方面，Jokinen（2008）基于具有国际工作经历背景的人员，结合全球化领导者所需的能力，对职业资本量表进行了初步探索和开发，结合相关研究（Arthur, 1994；Eby et al., 2003；Jokinen, 2005；Jokinen et al., 2008；Lee, 2018），本研究统计了已有量表的信息，具体如表 2.3 所示。

表 2.3 职业资本测量量表

作者	年份	评分制	示例（题项总数）	维度
Jokinen 等	2008	7	了解你所在职能领域的发展趋势和最近的成就（33）	知道如何做 知道为什么 知道是谁

续表

作者	年份	评分制	示例（题项总数）	维度
Po – Yen Lee	2018	7	我在我的职业生涯中寻找不断学习的机会（23）	知道如何做 知道为什么 知道是谁

资料来源：Jokinen T, Brewster C, Suutari V. Career capital during international work experiences: contrasting self – initiated expatriate experiences and assigned expatriation [J]. The International Journal of Human Resource Management, 2008, 19 (6): 979 – 998.

Lee Po – Yen. How to develop dynamic capabilities in multiunits [J]. Management Decision, 2018, 56 (4): 344 – 357.

Jokinen 等（2008）采用了电子邮件的形式，向 688 名正在外派时期的外派人员（组织外派和自发式外派）发放了电子问卷，最终对 222 份有效问卷开展了进一步的分析。该研究综合对三种职业胜任力的认知，探索了两种外派形式（组织外派、自发外派）下职业资本发展的异同，并从任务相关技能（4 题）、社会判断技能（2 题）、认知技能（2 题）、社交技能（3 题）、组织知识（3 题）、商业知识（2 题）、人的知识（4 题）七个方面来测量"知道怎么做"；从个人价值观、工作兴趣和能力三个方面测量"知道为什么"（9 题）；从社交技能和社交网络发展两个方面来测量"知道是谁"（4 题）。这些指标衡量了人们对职业资本与特定国际工作经验之间关系的认知发展（Jokinen，2005，2008）。

Lee（2018）在此基础上对职业资本量表进行了一定程度

的修改，并结合 Eby（2003）的研究，从职业或工作相关的技能（5 题）、社交技能（2 题）、组织知识（3 题）三个方面描述“知道怎么做”职业资本维度。然而，目前国内相关实证研究依旧匮乏，职业资本量表缺少在中国文化背景下的开发和应用。可以看出，基于全球化领导者所具备的竞争力，学者们进一步明确了外派人员职业资本的内涵，并进行了维度划分，形成了较为完整的理论框架和量表。然而目前国内外相应的实证研究较少，在中国情境下该量表的信度和效度也有待验证。

2.3.4 职业资本的研究进展——前因变量

研究者普遍认为，职业资本是一个包含多维度的概念。由于个人特质和外在环境差异较大，且跨文化背景不尽相同，职业资本形成过程也较为复杂，受到社会、组织和个人等方面的综合影响。

（1）社会

①国际环境

从 Suutari 和 Makela（2007）的访谈研究中可以看出，所有受访者都认为国际环境比国内环境更具挑战性和风险性。国际环境复杂多变，不确定性较高，市场竞争相较于国内市场更加激烈。因此，面临问题和困难时，无法预先准备答案，这就要求外派人员依靠自己和所在团队的经验以及专业技能攻克难关。当有过国际工作经历之后，外派人员通过海外生活和工作，对适应力、专业技能、自身优势和劣势有了更多的了解（知道为什么）（见图 2.2）。

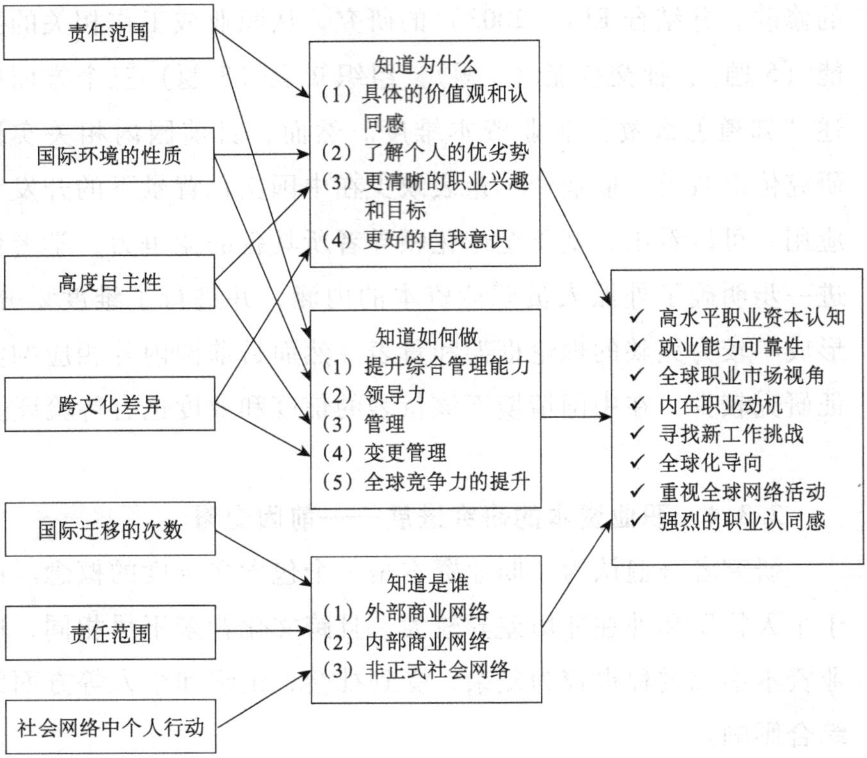

图 2.2　职业资本的影响因素及结果

资料来源：Suutari V，Mäkelä K. The career capital of managers with global careers [J]. Journal of Managerial Psychology，2007，22（7）：628－648.

②文化差异

文化差异会迫使个人时常反思他们以某种固定方式做事的原因。毫无疑问，基于不同的文化价值观，人们思考方式也不同，而跨文化背景下的外派人员需要考虑的是，自己是否真的认可这种处理问题的方式。也就是说，外派过程就是不断地迎接文化和思维的冲击，在接受不同的指导和培训过程中更新自我认知，建立社交圈，改变和提升各项技能以适应异域文化背景下的工作和生活环境。因此，对于职业资本的三个认知方面都起到了促进作用（见图2.2）。

（2）组织

①教练行为

全球商业环境的快速变化加速了教练的使用（Tompson et al.，2019），然而在国际背景下的教练研究落后于实践（Abbott et al.，2012）。Raija和Liisa（2017）通过半结构化访谈的实证研究，验证了组织采取的教练行为能够更好地支持外派人员进行职业发展和职业资本的积累，同时，研究结果显示对外派人员采取教练行为时，应当首先关注外派人员的需求，了解以往的外派经验和他们所处的外派阶段，以便更好地进行培训和指导。

②导师指导行为

多元指导（Multiple Mentoring）和导师网络（Mentoring Network）也帮助外派人员利用海外工作机会赢得职业资本，进而获得外派成功。Mezias和Scandura（2005）认为外派人员所处的海外的无边界职业环境和多变职业生涯（Protean Career）需要多元化的指导者帮助他们顺利完成外派适应和东道国公司的社会化。多元指导者可以来自母国公司和东道国公司，可以是正式的也可以是非正式的；不仅在工作技能、专业知识等方面有所指导和帮助，还有另一个更激励人的作用，就是提供情感支持、内在激励以及帮助克服压力和不确定性，有效地提升了外派人员追求职业发展的自信和动力。多元指导者所构成的导师网络也成为“知道是谁”资本能力的重要组成部分，促进了“知道如何做”和“知道为什么”资本能力。

（3）个人

①动机

从已有的定性研究的文献中可以看出，外部动机和内在动机都会引发一段外派经历，从而发展职业资本。部分外派人员抱有强烈的自我动机选择组织外派/自发外派，例如 Jelena 和 Souha（2015）发现选择外派的企业家渴望拓展市场，这种“渴望”不是被他人赋予或者培训习得的，而是一种与生俱来的内在动机，就像孩子渴望游戏一样。还有的企业家具有创业动机，渴望“交易”和“出售”。在访谈研究中，有受访者指出缺乏“指导”或者“导师”，即缺乏了职业资本中的“知道如何做”和“知道是谁”，同时指出“决心”（知道为什么）和创造力对企业家的职业发展起到重要作用。还有一部分外派人员，他们缺乏“为某人工作”的兴趣，想要拥有外派经历完全是出于个人追求。由此看出，个人的内在动机可以从多个方面激发，从而有效提升相关资本能力。

②高度自主性

综合一系列访谈研究，Suutari 等（2007）发现，自主性较高的外派人员，相较于在母国的工作时期，即使职位不变，在海外工作期间也会拥有更多的权力来做管理决策，这种经历不是个别现象，而是普遍存在的。在该研究中，受访者认为“在这里（海外环境），你对自己以及你的私人生活和工作都有更明确的责任，因为没有强大的组织背景来支持你”。因此，高自主性的外派人员更倾向于表现出积极主动的人格，在不可预测的海外环境中，能够发挥主动性扩展人脉，承担责任以及解决问题。在此过程中，高自主性人格的外派人员不仅促进了个人学习水平，同时也增强了工作自信心和目标感，在“知道如何做”和“知道为什么”资本能力上都得到了提升（见图2.2）。

③热情和毅力

热情和活力的个性特征会产生对知识型员工的积极看法和心态，从而成为职业资本的一个差异化组成部分（Lamb et al.，2010）。Arthur（1996）认为，个体能量和活力指的是“知道为什么”或目标感和动机。在一些案例中，他们的学习都是由对工作的热情所推动的。这种个人特质在外派环境下，更容易引导外派人员取得职业成功，不畏失败而坚持去解决问题和完成任务的坚强品质比失败本身更宝贵。“作决策比害怕失败更加重要。如果你作了决定，即使是个错误的决定，也没有什么大不了的”。因此，“知道如何做”的本质特征是经验性、试错性学习，以及在困难重重时知道如何保持工作激情和毅力（Zikic & Jelena，2015）。

④责任范围

在访谈研究中有受访者认为，如果没有海外派遣经历，管理人员就不会在不同的工作、职能和业务运作方面有如此广泛的经验。他认为如果一直在国内职场发展，就没有机会接触到多种任务。受访者指出，对于个人职业发展很重要的不仅是在国际环境下工作，用广泛的责任感面对不同种类工作以及不同的工作任务内容也是同等重要的。学者们认为，相比国内可能获得的职业发展，全球化职业具有挑战性更强的任务和组织级别更高的职位（知道如何做）（Suutari & Kristiina，2007）（见图 2.2）。

⑤国际工作经验

已有大量的实证研究证明了国外相关工作经验对个人职业发展的影响（Dickmann & Doherty，2008；Berthoin，2000；Adler，1981；Caligiuri & Santo，2001；Inkson & Myers，2003；Kohonen，2008）。首先，外派人员的国际工作经验使他们建立了一个认知框架或认知模板，能够在未来陌生或者全新的工作环境中应用（Biemann & Braakmann，2013），能够减少普遍发生的职业学习冲突，并形成一个图式以处理和协调各部门的多种日常工作，进一步提高了工作相关的知识和技能水平（知道如何做）（Biemann & Braakmann，2013；Bolino，2007；Benson & Pattie，2008）。其次，国际经验可以改变和提高个人的职业潜力、动机和兴趣（知道为什么）（Jokinen et al.，2008）。最后，国际经验能够拓展外派人员与工作相关的互动网络，在连接外部环境与组织领域扮演了重要角色，通过正式和非正式网络获得心理和社会支持、解决复杂管理事务、确保出色的绩效表现等（Carpenter et al.，2001）。

Jokinen（2008）在其实证研究中，将外派分为自发性外派（Self - Initiated Expatriates）和任务导向性外派（Assigned Expatriates），不仅考虑了个人背景变量、雇佣者和任务变量、动机、补偿和遣返等问题，还提出不同类型的外派人员积累的国际经验也有所差异，展开了影响职业资本发展的新视角。

2.3.5 职业资本的研究进展——结果变量

关于外派人员职业资本的影响结果，研究者主要从个人与组织两个层面进行分析。

(1) 个人

①职业国际化

有研究表明，沉浸式体验对选择国际化的职业有着直接影响，这意味着更具有丰富国际经验的个人最有可能在其他国家寻找工作机会（Norris，2009）。尽管该研究认为，在多元文化背景之下，开放式体验对个人的职业国际化水平没有直接影响，因为某些国际经历是为了休闲或个人兴趣而进行的，个人并不总是将它们与职业生涯规划联系起来。然而，沉浸式体验依旧能够提供即时可用的知识，并且仅有“知道为什么”资本能力更强的学生会倾向于在毕业后选择一份国际化程度高的职业，这一研究推广至企业外派人员的研究中也是有必要的，拥有国际经验的个人会更倾向于在广阔的国际市场寻找就业机会。

②市场开拓能力

个人的市场开拓能力是职业成功和职业胜任力的一个重要指标（Arthur & Rousseau，1996；De Vos，2011）。“知道如何做”“知道为什么”“知道是谁”已经被证明在国内工作环境中，是预测内外部的市场开拓能力的前置因素（Mujica，2003）。因此，尝试系统地探讨外派回任人员在母国之外的社会网络，以及相关的需要和利益，会在很大程度上影响今后的职业发展以及市场拓展能力。外派回任人员的人脉（知道是谁）对他们未来的个人工作表现有很大影响，也就是说，他们会积极利用并受益于他们所处的社会网络，并得到更好的职业发展（Suutari & Kristiina，2007）（见图 2.2）。

（2）组织

①动态能力

“动态能力”指组织层面的包含学习、整合和转型等多种能力，其发展涉及了解和学习多种活动以处理各种动态问题和决策任务（Eisenhardt & Martin，2000）。动态能力更关注组织的战略能力，如未来竞争的灵活性、新的商业机会或意识到可能存在的威胁等（Bierly & Chakrabarti，1996；Danneels，2002）。管理者面临多种不确定性时，往往需要更丰富的知识和技能来理解和重新配置各种有效资源来解决问题，学者们认为“知道如何做”资本能力能够引发新的战略思考，并有效汇聚和重新配置组织日常活动和优势，对于动态能力的发展至关重要（Garavan et al.，2016）。另一项关于职业资本的研究，通过考察国际经验和职业资本的作用，更深入地了解如何在多部门开发动态能力，该研究认为国际经验是多部门经理职业资本的重要前提。此外，研究还显示了在多部门开发动态能力的职业资本的各个方面中，“知道如何做”和“知道为什么”的影响（Lee，2018）。

②企业竞争力

企业竞争力离不开组织内部的个体竞争力。尽管有研究指出，外派人员在海外的发展程度对他们日后的国内市场竞争力没有影响，在海外工作期间获得的与工作相关的技能和知识（知道如何做）对管理者和外部就业市场的雇主来说是最容易识别的（Mäkelä et al.，2016）。然而，Jokinen 等（2008）认为，职业资本能够在职业生涯正式开始之前进行开发，即使是相对有限的国际经验和跨文化能力，同样有利于建立职业资本，进而组织可以通过雇用那些已经拥有先进的跨文化能力的个人而获益。因此，企业通过积极培训和开发外派人员的职业资本，促进组织内部知识获取和共享，在提升组织竞争力上发挥重要作用。

2.3.6 职业资本和全球职业生涯

（1）职业资本研究深化了全球职业生涯理论

职业资本理论是在以资源基础观为理论依据的全球化领导胜任力上形成的。为了适应跨文化环境，胜任海外子公司的工作，外派人员需要具备相应的综合素质。通过外派经历积累丰富的国际经验、社会资本和人力资本，尤其是心理资本方面得以提升。然而，目前大多数研究侧重于个别资本对职业发展的短期影响，而忽略了职业资本从三个认知层面对外派人员的长期职业发展的综合影响。因此，完善职业资本框架有利于拓展和深化外派人员的职业生涯发展理论。另外，以往的研究多数以结果为导向，将任务绩效的高低作为衡量外派成功的标准，忽略了外派过程中的职业资本价值。因此，将职业资本发展作为研究主题、将外派人员作为研究对象，为研究跨文化背景下的跨国企业管理实践和全球职业生涯发展提供了新的思路。

（2）职业资本框架为国际人力资源管理提供了新的视角

基于资源基础观理论，职业资本这一认知框架为国际人力资源规划提供了理论基础。尤其对外派人员来说，什么类型的职业资本（如知识、技能和自信心或其他特征）是必需的？从以往的研究来看，职业资本框架是一个综合的概念框架，其发展也是三种认知方式相互促进和增强的过程。职业资本发展研究应当更侧重于学习、体验、指导和教育，而不是测量、评估和认可特定的资本能力。因此，应充分发挥外派经验在职业发展中的积极作用，并将职业培训和职业规划视为外派人员职业资本积累的前提，使外派人员职业资本增长成为个人职业发展与企业战略管理的独特资源。

（3）关注跨文化背景有利于完善中国企业外派人员的职业资本框架

中国文化的独特性及其众多文化要素对外派个人的职业发展能够产生一定的影响（Yao & Christian，2014）。一方面，研究关注跨文化差异对外派个人的影响，和职业资本的变化。由于目前中国外派人员视国际工作经验为职业发展的基础和资本（王亮、牛雄鹰，2018），不断接受多方指导和支持以获得丰富的职业资本。另一方面，探索外派人员的跨文化意愿和跨文化能力，提高企业培养和选拔外派人员的有效性。西方国家的外派及其研究大多文化背景相仿，文化差异较小，而中国的外派管理实践大多面临跨文化问题，容易导致外派任务中断、外派失败或者外派回任管理不当等困境。有学者认为，外派人员由于嵌入复杂的跨文化情境中，其适应性受到众多因素的相互影响，心理状态不断发生变化，在跨文化产生的机遇中和打破困境中不断积累各项职业资本（李加莉、单波，2012）。

综上所述，对组织而言，将职业资本作为外派人员的“个人资产”，应当意识到这种资产能够在不同情景之间流动、转换和应用。尤其是在技术领域，主要任务在于培养和利用基于公司知识的核心能力，这些能力包含在“个人资产”中，如智力、动机和信息网络中（Zikic，2015）。对个人来说，由于外派过程的不确定性，接受持续的组织指导和培训是必要的，帮助外派人员更好地完成富有挑战性工作。组织内部往往采用教练或者导师的形式，仔细评估外派人员的当前技能、获得的职业资本和所处的外派阶段，对外派人员给予辅导和帮助。

企业有职业管理的责任，即为外派人员建立清晰的职业发展路径。一方面能够明确个人职业发展目标，减少不确定性；另一方面有利于配合战略规划，实现企业长期的竞争力。尽管外派经历使得职业资本的各个方面得以提升（Berthoin – Antal，2000；Caligiuri & Di Santo，2001），但现实中出现的外派中断、外派失败、回任不适应等问题，给企业带来一定的损失。因此，随着职业资本理论框架的完善，可以尝试应用于管理实践当中。企业通过设计和管理个人职业发展路径，关注并理解外派个人的需求，使职业资本成为独特的企业战略资源；增强组织承诺和工作效率，并在长期内获得共同成功。

第 3 章

跨国经营企业外派人员的外派动机形成机理——基于扎根理论的研究

3.1 引言

在"一带一路"倡议和"走出去"战略的引领下，中国企业积极开辟国际化道路，在提升了企业国际竞争力的同时，也实现了与东道国的合作共赢。从商务部的数据来看，2021年1—11月我国企业在"一带一路"沿线对57个国家非金融类直接投资179.9亿美元，同比增长12.7%。国际外派作为企业"融进"东道国的重要方式，对外派员工的需求只增不减。然而，近年来国际商业环境的动荡和外派活动的不确定性，可能引发员工的外派意愿和内驱力不足、企业外派员工的难度增加等现象，并对外派绩效产生不利影响（Nadeem & Mumtaz，2018，Maley et al.，2020）。因此，外派管理实践面临着巨大的挑战，如何有效开发和强化员工的外派动机，从而提升外派活动的有效性成为企业密切关注的问题，同时也引发了学者们的讨论。

动机是驱动个体行为以实现某种目标的直接动力，是对个体产生激励作用，从而产生行为活动的心理动力。一般来说，企业外派是一项有挑战性的职业拓展活动，为了减少外派中断甚至失败的风险，识别和了解外派员工的动机水平是开展外派活动的重要前提。综合国内外研究来看，部分研究基于特质激活理论将外派动机视为个人特质，并探索外派动机对外派有效性的影响（Earley & Ang，2003；Tett & Burnett，2003）；还有研究关注了外派员工的外派动机、外派内驱力和外派意愿及其对外派适应和外派绩效的影响（刘俊振，2008；王泽宇等，2011；冯娇娇等，2017）。此外，有研究基于组织管理理论（如资源依赖理论和代理理论等）从组织层面论述了企业外派管理的动机及其在海外经营中的重要性（高璆崚等，2021）。尽管不少学者在外派领域开展了实证研究，但是鲜有研究对个体层面的外派动机形成和内在机理进行探索。事实上，我国企业外派员工任务重、外派时间长，因而外派成功的难度大。尽管外派员工具有较高水平的薪酬福利待遇和较为理想的职业规划前景，但是外派中断和失败的现象时有发生。因此，探索外派员工的外派动机及其形成的内在机理具有重要的理论和实践意义。

总体来说，我国企业外派员工的外派动机较为复杂，基于动机和需求的相关理论，本研究将深入探索个体在社会和组织环境影响下，个人外派动机的内涵和特征。具体而言，以自我决定为前提的动机理论包容了个体自主性和社会环境的塑造性，更为辩证地剖析了外派员工的外派动机构成，有必要在此基础上进一步构建中国企业外派员工的外派动机理论框架。因此，本研究将运用质性研究方法结合深度访谈的方法收集第一手资料，了解中国企业外派员工面对的母国和东道国的社会环境因素，深度剖析中国企业外派员工的外派动机，深化动机理论在外派领域的研究。一方面，有利于企业识别个人的外派动机，分清个人内外部动机，进而选拔合适的外派人选；另一方面，企业通过考察外派动机，不断完善外派员工的培训制度，有效转化外部动机为内部动机，并增强个人的内部动机，为实现外派成功和提升企业国际竞争力储备优秀的国际化人才。

3.2 文献回顾

3.2.1 国际外派

市场全球化推动了各国跨国公司的全球化发展、战略联盟部署和网络建立。美国、日本、英国和德国率先建立了全球跨国公司并开发全球市场，Tungli 和 Peiperl（2009）通过对这些国家跨国公司的外派管理进行比较，发现企业的国际外派任务具有一定的一致性，主要包括开发、协调和运营新业务，转移和推动技术进步，并给予外派员工和当地国民以适当的职业发展机会。为了满足组织国际化管理的需求，外派员工是不可或缺的活动主体，Dowling 和 Welch（2004）指出外派员工是企业派往海外某国家或者地区执行临时性的外派任务以达成组织目标的个人。通常来说，外派员工是由母公司任命，就职于外派当地子公司的母国公民，外派期限通常为2—5年（Sparrow et al.，2004）。从企业国际化视角出发，学者们对企业将员工外派至海外的原因进行了总结，主要包括知识转移（Park & Mense - Petermann，2014）、跨文化互动（Black et al.，1991）和跨国经营管理（Harzing，2001）等。此外，关于外派回任的影响研究有不同的结论，一些学者发现外派并不是提升个人职业生涯的有效举措（Harvey，1989；Derr & Oddou，1991；Forster，1994；Kraimer et al.，2009），主要体现在外派员工回任之后失去已有职位、经历反向文化冲击以及被组织忽视其国际经验和技能等短期职业问题（Suutari & Brewster，2003）。但是还有部分研究显示，根据人力资本理论可以发现发展性的工作经验（如国际外派）提供了价值性学习，例如最高管理职位和丰厚的待遇（Carpenter et al.，2001；Ng et al.，2005）能够对职业生涯产生积极影响。

Baruch 等（2016）对国际外派和回任进行了系统回顾，认为当前国际人才流动的方式之一依旧是企业国际外派和回任。近年来，国际环境的剧烈变化使得国际外派已不仅限于公司支持的外派或者以任务为导向的外派，自发式外派的大量增加成为全球职业生涯的重要表现形式，引起了学者们的广泛关注。尽管目前自发式外派员工的数量相较于以任务为导向的企业外派员工更多（65% vs. 35%）（Doherty et al.，2011），但是研究者们发现企业外派员工更能够胜任组织的工作角色，例如，由于具有在母公司的国际工作经验，企业外派员工在执行公司战略、传递总部的企业文化或信息方面表现得更为优秀（Tan & Mahoney，2003；Tharenou & Caulfield，2010；Tharenou，2013；Jakob & Jan，2018）。此外，学者们对这两种外派形式及其影响因素进行了分析和对比，Suutari 等（2018）发现无论是以任务为导向的外派，还是自发式外派，国际工作经验拥有者更容易获得职业成功，对职业生涯具有长期的积极影响。

国内学者尽管起步较晚，但也在外派领域进行了有益的探索。除了对外派适应和回任适应及其前因后果进行实证检验外（刘俊振，2008；刘新荣，2008；叶晓倩，2010），有部分学者对人员选拔、培训和指导、薪酬激励、外派适应、压力应对、绩效考核以及外派后的回任管理和职业生涯管理等进行文献梳理和理论研究（曹礼平、李元旭，2008）。尽管已有的多数研究从外派现象出发，重点关注外派过程的各个阶段节点，如外派员工跨文化适应、外派员工心理契约和外派绩效、外派回任失败等（李苹，2010；张明，2013；何燕珍、王玉梅，2013；何滢，2014；史雪琳，2017），但是这些研究都较为分散，尚未形成系统性的外派理论体系。

3.2.2 外派动机

外派员工进行持续性的知识转移、过程控制或协调，引发了学术界对其外派动机的关注（Thorn，2009；Christian，2019）。有研究提出，企业外派员工（以任务为导向的外派）的外派动机指的是实现工作或组织相关目标的雄心（Suutari & Brewster，2000；Peltokorpi，2008）。企业外派作为以任务导向为主的外派形式，外派个体具有复合而不是单一的外派动机，二分法不适用于对复杂动机的探索。通常来说，动机包含了决定行动方向、强度和持久性等心理过程（Kanfer，1990），通过调动个人资源（如技能、时间、注意力）来选择和完成与工作相关的目标。工作动机的相关研究已经确定了激励过程的认知预测因素，如自我效能（Bandura，1999）和内在动机（Deci et al.，1989）。同时，基于特征激活理论对人格特征的关注，Tett 和 Burnett（2003）指出这一理论适用于动机属性及行为表现，即个体特质可能转化为有价值的工作行为差异，从而在更容易接受这种特质的情况下表现出来。此外，了解跨文化动机有助于探索外派动机的内涵，Ang 等（2015）提出具有跨文化动机的个体更倾向于聚焦在“内在兴趣和对跨文化情境的直接关注”上，强调了内在驱动力的效应，而具备外派动机的个体则更多关注于自我效能感的提升和外派绩效的达成。

学者 Yao 等（2014）从儒家思想的视角对中国企业外派员工的外派动机进行了初探，以儒家哲学中弘扬德行的“仁、义、礼、智、信”为基础，构建了“秩序、等级、互惠、控制、不安全感、家庭和知识”七个维度的外派动机。国内也有学者基于 ERG 理论对外派动机及其内涵进行探索，大致涉及经济收益、职业发展、家庭因素、探索新鲜领域、逃避现实等几个方面（冯娇娇等，2017）。同时，由于外派工作的不确定性，女性外派员工的动机除了家庭和财务因素，也包含职业因素（Susan，2018）。本研究发现青年企业外派员工在当前外派群体中的占比较大，青年一代外派员工的思想和思维方式更为开放，更具备国际视野，尽管现有研究突出了个体动机的中国文化情景下的表达，但是运用传统的儒家思想来构建个体的动机理论框架过于笼统，仍然缺乏与动机理论的结合和深化。此外，有关外派动机的实证研究并不丰富，部分研究验证了跨文化动机对工作适应（王泽宇等，2011）、外派有效性（Gilad et al.，2010）的积极影响，但并未对外派动机及其理论框架进行深入研究。

目前，外派领域的研究中尚未对“外派动机”有统一的定义。有的学者提出外派员工主动争取国际任务的意志即外派动机，而“推拉理论”能够解释个体动机的来源和形成（刘俊振，2008）。事实上，企业外派员工的外派动机内涵较为复杂，目前鲜有研究者进行探索。学者们认为应当根据不同的“外派员工”类型对其外派动机进行分类（Selmer & Lauring，2011；Christian，2018）。不同类型外派员工出国的动机和意图会不同程度地影响工作结果，外派现象存在异质性就不难理解了，如员工留任（Reiche et al.，2011）、工作满意度（Lee，2005）、坚持心理契约的意愿（Pate & Scullion，2010）。因此，对外派员工进行归类有助于外派动机理论的形成和发展（Cerdin & Le Pargneux，2010），然而，目前针对企业外派员工的外派动机研究较少，研究大多缺乏理论基础和实证检验。因此，本研究将对中国企业外派员工的外派动机进行深入探索，并建立相应的理论框架。

3.2.3 自我决定理论

自我决定理论（Self－Determination Theory，SDT）由学者Deci和Ryan（1987）提出，该理论聚焦于人类行为的自主决定过程。自我决定理论以人本主义为哲学基础，以个人具有天然的积极性作为假设前提，认为个体的先天性和内在倾向性会决定个体追求成长的机会和方向（刘丽虹、张积家，2010）。具体而言，自我决定理论既包含个体自主的内在调节，也包含自我与外界环境协同的整合过程，即个体具有建设和整合内在的自我意识，使自我心理与环境保持一致，并形成整体的倾向（张剑等，2010）。诸多学者依据自我决定理论论述了社会环境因素对个体动机的影响、动机的不同类型及其对个体行为的影响，并由此发展出四个相互关联的子理论——认知评价理论、有机整合理论、基本心理需求理论和因果定向理论（张春虎，2019）。

考虑到个体受到社会环境的影响，学者们突破了对传统二元动机的划分方法，认为应当根据个体的自我整合程度，形成自我决定从无到有的连续过程（Ryan & Deci，2000；Deci et al.，2001；张剑等，2010）。由此，有机整合理论（Organismic Integration Theory）应运而生，该理论认为决定个体行为的动机可以分为内部动机、外部动机和无动机三类，其中，内部动机的自主性最高，个体的行为受到意志和兴趣的驱动。此外，自我决定理论认为个体天生对利己的外界行为规范和社会准则具有吸收、认同和内化的倾向，表现为不同程度自主性主导下的外部动机转化为内部动机的发展经历。因此，受到非内在激励的个体行为可能具有不同类型的外在动机，即外部调节（External Regulation）、摄入调节（Introjected Regulation）、认同调节（Identified Regulation）和整合调节（Integrated Regulation）。本研究基于自我决定理论的核心假设，探索了外派动机的分类（自我发展性动机和职责驱动性动机）及其形成机理，不仅从理论上丰富了动机理论在外派领域的应用，也为企业在选拔、培训和储备国际化人才的管理实践方面提供参考。

3.3 研究方法和研究设计

3.3.1 研究方法

一项研究的开展和实施应当依据研究问题来决定方法论的

取向，通过获得参与者的内心体验，研究者能够挖掘研究变量并确定研究意义。质性研究旨在从无序中发现有序，具有流动性（Corbin & Strauss，1990）。本研究的目的在于探索企业外派员工外派动机包含的内容，探索过程会涉及外派员工所处的外部环境因素（家庭、组织和社会等）和外派员工内在的基本心理需求等一系列动态演进（evolving）过程，适合采用质性研究方法。具体而言，本研究选取了程序化扎根理论方法进行“情境中”的研究，形成相关概念框架以观测和解读中国企业外派现象中外派动机的形成及其机理。并对原始材料进行了三个阶段的编码和概念凝练，深入考察外派员工的外派动机及其形成过程。因此，本研究遵循扎根理论的编码步骤，结合NVivo分析软件对40余万字的访谈资料进行分析和梳理，最终基于379个开放性编码，提炼出5个主范畴，并通过选择性编码对各个主范畴之间的关联进行了阐释。

3.3.2 研究设计

（1）访谈提纲设计

本研究拟定了半结构化访谈所需的一系列封闭式和开放式的问题，并遵循以下几个原则：一是首先用简短的语句表明访谈的要求和目标；二是尊重客观事实，访谈问题避免带有主观倾向性和引导暗示；三是根据先封闭后开放的顺序，逐步推进访谈问题的深度。主要的访谈内容包括外派员工选择外派的原因（主动或被动）、影响外派员工决定外派的外部因素（支持或阻碍）、推动外派员工完成外派任务的动力是什么等，具体的访谈提纲见附录A。由于本研究涉及外派员工的动机类型，在设置访谈问题时尽可能地简明扼要，避免主观性的引导。特别地，在访谈提纲中设计的封闭式问题应当直接、具体和明确。访谈提纲详见附录A。

（2）访谈过程

本研究选择半结构化的深度访谈方式。相较于语音访谈（Phone Interview）、网络访谈（Web Interview）方式，“面对面”访谈尽管成本较高，但是可以人为地将外界环境干扰的可能性降到最低，访谈者应当选择安静且私密的封闭环境进行访谈。因此，本研究的访谈主要开展地点选择在学校的研讨室和受访者所在企业的会客厅或者会议室等场所，这些空间更易于与受访者创造轻松的沟通氛围，以及建立良好的信任感，有利于访谈的开展。为保证访谈资料的完整性和真实性，在征求受访者同意后，访谈全程都使用录音设备记录，并邀请2—3名本研究团队的研究人员，在不影响访谈进程的情况下参与访谈并记录。

（3）数据收集

在本研究中，由于研究对象的特殊性和实施调研的主客观条件有一定的限制，外派员工的样本获取有一定的难度。参考以往研究，发现目的性抽样（Purposive Sampling）重点关注样本提供信息的准确性和完整性，并确保受访者能够最大限度地提供信息（陈向明，2000；孙晓娥，2012），并采用滚雪球式抽样方法（Snow - Ball Sampling）作为补充。“一带一路”的建设使国有大型企业承担了“走出去”的重任，企业外派人数较多，相应的外派管理体系较为完善，因此，数据收集过程主要是通过与多家大型国有企业（建筑业、制造业、采矿业等）建立良好的合作关系，选出部分具有海外工作经验的外派员工进行深度访谈；同时，通过寻找具有外派经历的企业外派员工开展访谈，并在访谈过程中请他们推荐符合访谈要求的受访者，保证了样本的多样性和代表性。最终，共选取了27名具有外派经历的人员，受访者所处行业主要分布在采矿业、建筑业、制造业、进出口业等。受访者基本资料如表3.1所示。

表3.1　　受访人员基本信息汇总

编号	公司性质	行业	外派国家或地区	性别	外派时间	外派次数	年龄范围	学历	职业
A1	国有企业	建筑	赞比亚	女	约2年	1	31—35周岁	本科	国际贸易
A2	国有企业	建筑	苏丹	男	约4年	1	26—30周岁	本科	项目管理
A3	国有企业	建筑	苏丹	男	约5年	1	36—40周岁	本科	工程管理
A4	国有企业	建筑	苏丹	男	约5年	1	41—45周岁	研究生	工程管理
A5	国有企业	建筑	苏丹	男	约3年	1	36—40周岁	本科	采购
A6	国有企业	建筑	安哥拉	男	3年3个月	1	26—30周岁	研究生	工程技术

续表

编号	公司性质	行业	外派国家或地区	性别	外派时间	外派次数	年龄范围	学历	职业
A7	国有企业	建筑	赞比亚	男	3 年半	1	36—40 周岁	本科	采购销售
A8	国有企业	建筑	赞比亚	男	约 3 年	1	26—30 周岁	本科	采购供应
A9	国有企业	建筑	赞比亚	男	约 4 年	1	31—35 周岁	本科	销售
A10	国有企业	建筑	赞比亚	男	3 年半	1	36—40 周岁	本科	材料采购
A11	国有企业	采矿	哈萨克斯坦	男	3 年 3 个月	1	31—35 周岁	本科	工程管理
A12	国有企业	采矿	缅甸	男	5 年 4 个月	1	41—45 周岁	本科	工程管理
A13	国有企业	建筑	阿、斯	男	约 3 年	1	21—25 周岁	本科	工程技术
A14	国有企业	采矿	埃塞、阿姆	男	4 年 8 个月	2	31—35 周岁	本科	人力资源管理
A15	国有企业	采矿	埃塞	女	约 3 年	1	26—30 周岁	本科	行政管理
A16	国有企业	制造	刚、乌、安	男	约 4 年	1	26—30 周岁	本科	财务

续表

编号	公司性质	行业	外派国家或地区	性别	外派时间	外派次数	年龄范围	学历	职业
A17	国有企业	制造	厄瓜多尔	男	约2年	1	26—30周岁	研究生	工程技术
A18	国有企业	制造	厄瓜多尔	男	约2年	1	26—30周岁	研究生	投资
A19	国有企业	制造	新加坡	男	1年8个月	1	26—30周岁	研究生	交通工程
A20	国有企业	制造	马其顿	女	1年8个月	1	26—30周岁	研究生	人力资源管理
A21	国有企业	制造	马其顿	女	8月	1	26—30周岁	研究生	人力资源管理
A22	民营企业	制造	尼、加、埃塞、乌、肯	男	3年2个月	3	31—35周岁	研究生	销售
A23	民营企业	进出口	荷、印、日、美、迪、巴、越	女	约2年	5	36—40周岁	研究生	销售
A24	民营企业	进出口	德、意、瑞、日、韩	男	约1年	3	31—35周岁	研究生	销售
A25	民营企业	设计	奥地利	女	约1年	1	26—30周岁	研究生	行政管理
A26	国有企业	建筑	波兰、厄	男	约3年	2	26—30周岁	本科	项目管理

续表

编号	公司性质	行业	外派国家或地区	性别	外派时间	外派次数	年龄范围	学历	职业
A27	国有企业	通信	巴、古	女	约8年	3	46—50周岁	本科	客户经理

注：为保证受访者的隐私权，统计信息中已隐去受访者姓名。由于表格空间限制，部分国家名称已简写：荷 = 荷兰、印 = 印度、日 = 日本、美 = 美国、越 = 越南、德 = 德国、意 = 意大利、韩 = 韩国、阿 = 阿尔及利亚、斯 = 斯里兰卡、埃塞 = 埃塞俄比亚、阿姆 = 阿姆哈拉州、刚 = 刚果金、乌 = 乌干达、安 = 安哥拉、尼 = 尼日利亚、加 = 加纳、肯 = 肯尼亚、迪 = 迪拜、巴 = 巴西、瑞 = 瑞士、厄 = 厄瓜多尔、古 = 古巴。

3.4 数据分析与结果

3.4.1 开放性编码

本研究依据程序化扎根分析方法对数据展开处理，即遵循“开放性编码—主轴性编码—选择性编码”的程序进行数据分析。根据饱和性理论抽样原则，研究者首先对23名国有大中型企业外派员工的访谈资料进行编码，4名民营企业外派员工作为检验理论饱和的材料。

具体而言，研究者首先进行逐句和逐个事件编码，并剔除了与研究主题无关的编码，形成379个节点及对应初始概念，对初始编码的范畴化举例如表3.2所示。

表 3.2　开放性编码——外派动机及其形成机理的初始概念和范畴（代表性内容）

编号	初始编码（示例）	范畴
1	ia1 政府对外派项目的补助；ia1 中国的战略发展需求；ia1 中国政府的政策支持；ia1 中国政府的援助	IA1 政策支持
2	ia2 外派休假制度；ia2 外派生活工作环境；ia2 专门的培训师；ia2 外派导师制度，师徒制为主	IA2 组织支持
3	ia3 家庭对东道国的了解；ia3 尊重外派员工的选择；ia3 家人听取多方建议和意见	IA3 家庭支持
4	ia4 包容型领导；ia4 温和的领导风格；ia4 做人做事正派；ia4 善于沟通的领导	IA4 领导风格
5	ia5 朋友打听具体外派情况；ia5 充分了解工作和生活环境；ia5 校友圈对生活文化信息的提供	IA5 信息提供
6	ic1 工作环境不友好；ic1 总部和分公司意见不一致；ic1 缺乏配合，越级向领导汇报；ic1 办公室政治	IC1 组织沟通体系不畅
7	ic2 岗位职责和工作内容不一致；ic2 总部管理权限有限；ic2 岗位说明书流程化；ic2 管理人员流动性较强	IC2 外派管理制度流程化
8	ic3 外派国流行/传染病严重；ic3 发生抢劫，治安不佳；ic3 自然环境恶劣，当地人观念落后	IC3 外派国家发展滞后
9	ic4 存在文化禁忌；ic4 法律规范不一致；ic4 民族冲突；ic4 宗教信仰不同；ic4 风俗习惯差异	IC4 社会文化差异
10	bn1 个人强烈的外派意愿；bn1 领导给予宽松的外派任务计划；bn1 开拓市场，约束力不强	BN1 外派自主性需求
11	bn2 不能独立，要交流；bn2 融入一个小圈子；bn2 参与和了解当地日常生活	BN2 外派社交需求
12	bn3 能力需要慢慢积累，厚积薄发；bn3 开展国际业务，需要掌握市场动态；bn3 外界影响较少，工作步入正轨	BN3 外派胜任需求

续表

编号	初始编码（示例）	范畴
13	im1 学习外语专业对西方文化更了解；im1 外语专业的女性同事愿意外派；im1 学习阿拉伯语有助于工作和生活交流	IM1 语言学习
14	im2 学习当地语可以拉近距离（与当地人）；im2 多接触市场和当地人，了解资源分布；im3 被接纳，进入主流市场	IM2 关系建立
15	im2 锻炼自己实现自我成长；im2 个人经历有限，丰富经历；im2 在一线工作靠自己；im2 重塑个人认知	IM3 个人成长
16	im4 国际资源经理为职业目标；im4 主动转变工作状态；im4 推动属地化管理；im4 外派会增加国际工作经验	IM4 职业发展
17	im6 开阔眼界，长见识；im6 体验出国工作和生活；im6 没有留过学，没有类似的体验；im6 想拥有出国的工作学习经历	IM5 跨文化体验
18	em1 基层公司人才需求大；em1 国外人手不足是常态；em1 基础设施建设需要大；em1 工程项目种类繁多；em1 企业外派制度的规定	EM1 企业国际化需求
19	em2 肩负开拓海外市场的责任；em2 外派工作任务多，责任大；em2 外派成本高，企业投入大；em2 较为年长，要对团队负责	EM2 承担外派职责
20	im6 认同组织的外派文化；im6 家属有补贴；im6 薪酬高是莫大的鼓励和慰藉；im6 待遇比国内高；im6 薪资系统改革了，薪资水平普遍较高	IM6 认同激励政策
21	im7 快速积累资本的方式；im7 人岗匹配较好；im7 属地化管理很有必要；im7 外派工作有挑战性	IM7 个人—企业需求整合

注：一级编码用 IA1、IA2……进行标注，二级编码用 ia1、ia2……来进行标注，生成的 5 个维度用 IA、IC、BN、IM、EM 表示。

3.4.2 主轴性编码

主轴性编码是在开放性编码的基础上进行分类，其目的在于进一步聚焦研究问题，梳理出理论框架中的变量并对其进行定义、分类和重组。在主轴编码阶段，联系主范畴和对应范畴是其中的重要步骤，旨在探究其内在关联和逻辑。本研究通过进一步分析，提炼出5个主范畴，具体如表3.3所示。

表3.3 外派动机及其形成机理的主轴编码

主范畴	对应范畴	范畴内涵
IA 支持性环境	IA1 政策支持	我国“一带一路”和企业“走出去”政策的支持
	IA2 组织支持	企业为外派员工设立一系列选拔、培训、指导制度和帮扶
	IA3 家庭支持	家人对外派员工执行海外任务报以理解、不反对或支持的态度
	IA4 领导风格	积极、包容、正派、责任感强的领导风格
	IA5 信息提供	多方提供的与外派相关的重要信息和建议意见
IC 限制性环境	IC1 组织沟通体系不畅	企业内部意见难以融合，调节困难
	IC2 外派管理制度流程化	外派制度缺乏人性化，工作统一安排，针对性不强
	IC3 外派国家发展滞后	发展中国家的基本生存条件不佳，医疗水平低下，经济水平落后，政局不稳等
	IC4 社会文化差异	中西方文化、宗教信仰、风俗习惯具有较大差异

续表

主范畴	对应范畴	范畴内涵
BN 外派个体需求	BN1 外派自主性需求	外派员工拥有一定的自主性和主动性
	BN2 外派社交需求	外派员工能够与当地人交往，体验当地文化和民俗
	BN3 外派胜任需求	外派员工能够达成外派任务绩效
IM 自我发展性动机	IM1 语言学习	希望通过外派提升外语水平和沟通能力
	IM2 关系建立	希望通过外派拓展社会关系，扩大接触面，建立广泛的社会网络
	IM3 个人成长	希望通过外派锻炼独立自主的能力，实现心智的成长
	IM4 职业发展	希望通过外派成为职业生涯的重要经历，具备一定的国际化职业竞争力
	IM5 跨文化体验	希望在外派中体验不同的文化，培养国际化思维，提升跨文化能力
	IM6 认同激励政策	外派员工接受并认可企业鼓励开展国际外派和激励员工的行为
	IM7 个人—企业需求整合	外派员工将企业国际化的目标融为自身职业国际化目标的一部分
EM 职责驱动性动机	EM1 企业国际化需求	企业在海外扩张国际市场，并提升企业国际影响力和竞争力
	EM2 承担外派职责	外派员工认为执行国际外派任务是不能推卸的，并因此承担相应的职责

3.4.3 选择性编码

基于开放性编码和主轴性编码，选择性编码依据核心范畴，进一步厘清范畴间的内在逻辑并形成“故事线”，作为构建和阐释理论框架的基础。在这一阶段，研究者首先对5个主范畴和21个对应范畴反复对比和分析，并回归到原始数据中回顾和深入思考，形成一条“故事线”将各个范畴串联起来，最终明确了“中国企业外派员工的外派动机及其形成机理”这一核心范畴及其理论框架。这一故事线的内在逻辑即：支持/限制性环境—外派个体性需求—自我发展性/职责驱动性动机。其中，主范畴的典型关系结构和代表性原始语句如表3.4所示。

表3.4　外派动机及其形成机理主范畴的典型结构

典型关系结构	关系结构内涵	代表语句
支持性环境→外派个体需求	自主支持的外部环境会直接影响个人基本心理需求的满足程度	“我父亲有认识的朋友啊，很早就去过非洲那边，都是有来往的，然后比较了解那边的情况，所以说敢放我过去。”
限制性环境→外派个体需求	具有压迫感的外部环境会直接影响个人基本心理需求的满足程度	“人力资源就很尴尬。一方面你要站在总部的角度考虑，另一方面你要站在分公司角度考虑，所以最困难的事情就是怎么应对分公司的领导跟总部领导意见不一致的情况。”

续表

典型关系结构	关系结构内涵	代表语句
外派个体需求→自我发展性动机	外派员工产生自我发展性动机是因为基本心理需求得到满足	"当时刚去是不具备这个条件的，这个条件是慢慢自己创造的，到最后我在现场都弄好了健身房、电影院，所以说这都是一步步创造出来的，只是我有体会，我觉得应该为现场的很多年轻人创造一些条件，他们可能就不用走我当年走过的那个路。"
外派个体需求→职责驱动性动机	外派员工产生职责驱动性动机基本，心理需求没有完全实现	"也还是闲着的，人员也是冗杂的。闲的话人的工作量饱和了嘛，每天工作一半，一天的工作半天就可以干完了，工作状态和投入度不是特别好。"
职责驱动性动机→自主发展性动机	职责驱动性动机可以通过个人的不断内化，形成自主发展性动机。	"他作为这个被带的徒弟也不够主动，那时间长了以后，我们如何让他持续地跟我（沟通），有空的时候我就跟他联系一下，下一步就是要强化这一点，虽然大家不是百分之百地认同这个理念，但是这个事我们整体在运作中，带他这些年，对年轻人的成长还是有价值作用的。"

3.4.4 信度与效度检验

为确保本研究的信度（Reliability），本研究尝试使用 NVivo 进行多人编码及编码比较，使用各编码人员进行编码分类的相同编码数目与编码数目总和的比值来计算编码人员间编码的一致性程度，即一致性检验（Inter - Rater Reliability）（Kolb &

Burett，1991），并通过 kappa 系数来说明编码的信度，本研究中 8 个核心编码的一致性百分比在 73% ~77%，编码者之间的一致性程度较为合理，本次编码具有可信性和有效性。

同时，本研究对编码效度（Validity）进行了检验。根据 Creswell 和 Miller（2000）提出的三种质性研究的范式假设及其 9 个效度的检验程序，结合本研究实际调研状况和研究主题，作者采取了成员检验（Member Checking）的方法、三角检验（Triangulation）的方法和同行报告（Peer Debriefing）三种方式，对编码的建构效度、内部效度、外部效度进行了全面的检验。多来源、多渠道、多理论的资料收集方式，对已有编码的内容效度（CVI）进行检验，通过多位该研究领域的专家学者对编码条目和提取概念内涵之间及其关联度进行评价，保证访谈编码的有效性。

3.4.5 理论饱和检验

在数据分析过程中没有出现新的概念和理论时，该理论就已经呈现出理论饱和的状态。本研究对剩余 4 份访谈材料进行了重新编码，以检验是否出现新的概念或关联，结果显示未发现新的范畴和联系。基于此，可以认为该理论模型中包含的各个范畴和编码达到了理论饱和的状态。

3.5 模型阐释

3.5.1 外派动机因素

以往有关“动机”的研究回答了“人们为什么产生这种

行为”（胡小勇、郭永玉，2009；Deci & Ryan，2000），本研究立足于中国企业的外派现状和个体的外派实践活动，回答了“中国企业的外派员工为什么选择和开展国际外派活动”这一问题。具体而言，本研究通过对访谈资料的分析和理论构建，发现中国企业外派员工的外派动机主要包含自我发展性动机和职责驱动性动机两个方面，并用于解释外派员工开展一系列外派活动的原因。

一方面，自我发展性动机是指外派员工出于个人意志、信念或者兴趣偏好而接受和从事国际外派活动的内在动机或者经过内化的外在动机。可以看出七个动机类型按照自主性程度由低至高，具体分为认同激励政策（认同调节）、个人—企业需求整合（整合调节）和语言学习、关系建立、个人成长、职业发展、跨文化体验（内部调节）。其中，认同激励政策建立在外派员工充分了解并认同企业价值观、社会规范和制度安排上，而个人—企业需求整合动机则是个人需求和企业的核心价值感、组织文化整合和内化的动机表现。这两类动机均属于自主性程度较高的外派动机类型，位于一个连续体之上，与有机整合理论提出的突破动机二分法保持了一致（Ryan & Deci，2000）。

另一方面，外部环境的不确定性使得员工更加关注外部环境的变化，社会和组织中的规则和要求对个体产生了一定的压力和推动作用。个体对职责不同程度的感知水平形成了职责驱动性外派动机，并促使员工承担国际外派活动。一般来说，个体对外在要求和压力的感知以及认知程度不同，对外在规范的内化程度也有区别，因此职责驱动性动机主要包括企业国际化需求（外部调节）和承担外派职责（内摄调节）两种动机类型。其中，企业国际化需求的受控水平较高，是企业为实现国际化、提升国际竞争力而产生的战略需求。对于外派员工来说，企业开拓海外市场的需要与个体需求存在一定的差异，执行外派任务并非出自个人的信念和意志。同时，承担外派职责的受控水平相对较低，包含了一定的自主性成分，主要表现为个体选择外派的动机并不是完全因为外界的控制和压力，而是出于强烈的义务感、责任感，甚至愧疚感。具有该动机的外派员工往往倾向于将国际任务视为己任，主动承担执行项目过程中的不确定性和风险，奔赴海外一线执行国际任务。

人类产生行为的动机不是相互独立的，而是一个连续体。在本研究中，企业国际化需求是处于自主性水平最低位置、受控性最高位置的动机因素，意味着外部环境的要求使得个体感受到较强的被控制感而缺乏自我掌控感。相较而言，承担外派职责的自主性调节水平较高，拥有该动机的外派员工对于企业的外派制度和文化并不完全理解和认同，但是出于责任和义务感的推动，能够肩负起执行国际任务的职责。认同激励政策这一动机的内在调节程度和自主性水平较高，外派员工认为企业外派对企业和个人都具有重要意义，充分认可企业的国际化发展道路和外派管理措施。个人—企业需求整合的自主性程度仅次于内在动机，外派员工将个人成长、职业发展的目标与企业的外派目标相结合，能够积极响应国际外派活动的开展。内在调节动机的五个方面是自主性水平最高的动机，拥有该动机的员工自愿选择外派，大都出于自我提升、体验跨文化环境等内在需要，与外部的奖惩无关；这与自我决定理论的预测也保持了一致，即基本需求得到较大满足的员工更容易产生自主性动机并付出努力（DeCooman et al.，2013；Deci & Ryan，2017）。基于此，中国企业员工的外派动机因素可以根据自主性程度由低至高、受控性程度由高至低进行划分，具体如图 3.1 所示。

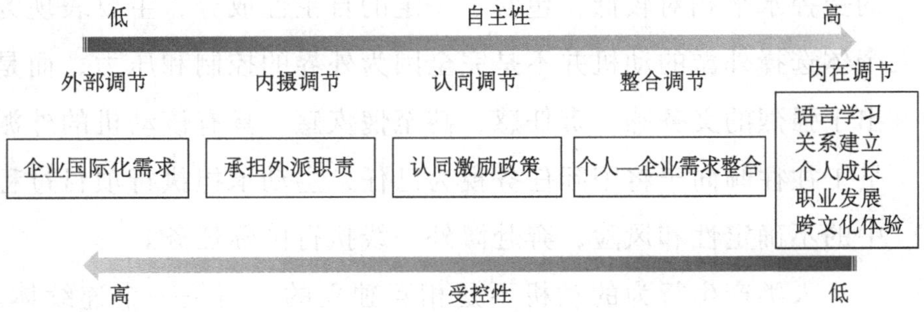

图 3.1 中国企业员工的外派动机因素

3.5.2 外派动机的形成机理

组织管理研究当中存在大量实证研究运用自我决定理论（Gagn'e & Deci，2005），基本心理需求能够作为前因变量来预测工作结果（Deci & Ryan，2017）。在本研究中，结果显示外派员工的多种基本需求能够预测外派员工的外派动机，这为外派动机具有复杂性提供了合理依据。当外派员工的外派自主性需求、社交需求和胜任需求得到满足后，可以激发其连续性的外派动机。同时，外部环境的边界作用较为突出，外部环境的支持性因素促进了员工的外派基本需求对外派动机形成的影响，同时增强职责驱动性动机向自我发展性动机的内化；而限制性环境则抑制了外派动机的产生，还削弱了职责驱动性动机向自我发展性动机的转化。基于此，本研究形成了“中国企业外派员工的外派动机及其形成机理”理论模型，本研究的核心范畴则围绕着外派动机的形成机理这条“故事线”展开，如图 3.2 所示。

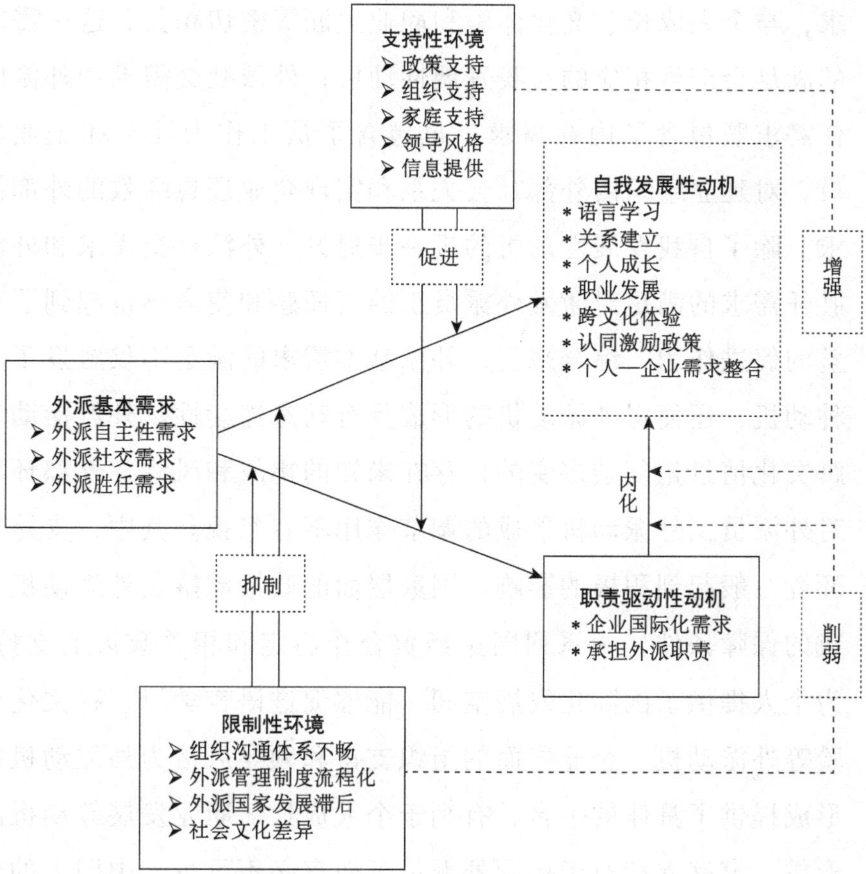

图 3.2　中国企业员工的外派动机及其形成机理

具体而言，外派动机的形成主要表现为职责驱动性动机的不断内化和自我发展性动机的加强，这与有机整合理论中提出的控制性动机向自主性动机内化的过程保持了一致（Deci et al.，1994）。在这一过程中，员工往往是在自我决定的驱动下决定承担外派工作与否，而自我决定水平则受到个体基本心理需求的影响，主要表现为外派自主性需求、外派社交需求和外派胜任需求。其中，自主性需求属于员工的内在需求，与个人成长、文化体验和职业生涯等密切相关，这一需求的满足会产生相应的自我发展性动机；外派社交需求和外派胜任需求既包含了内在需求，也包含了员工作为社会和企业成员，对建立组织内外部社会关系和实现企业理想绩效的外部需求。除了自我发展性动机的进一步提升，外派社交需求和外派胜任需求的满足对激发外派员工的责任感和使命感也起到了有益的促进作用。综合来看，外派基本需求的满足不仅触发了多种动机，还使得外派动机的形成具有动态连续性。外派活动的跨文化情景是复杂多变的，存在未知的挑战和风险，外部环境对外派员工外派动机形成的调节作用不容忽视。其中，支持性环境一般起到积极的影响。国家层面的政策支持是外派动机形成的保障条件，一系列国家经贸合作协定和相关政策的支持，为个人提供了国际化发展空间，能够促进语言学习、跨文化体验等外派动机。企业层面的组织支持和领导风格为外派动机的形成提供了具体的平台，有利于个人成长、职业发展等动机的形成。家庭支持对于中国外派员工而言必不可少，中国人的传统家庭观念较重，尊重和采纳家人的建议和意见具有重要意义，而来自家庭的支持和理解有助于缓解外派压力和工作—家庭冲突，有利于维护外派动机的动态平衡。信息提供有助于降低外派员工对外派环境的陌生感，增强外派员工对跨文化环境和外派任务的理性感知，引发个体对于企业外派政策的认同感和使命感，不断内化企业需求并加以整合。

此外，限制性环境通常不利于员工自主性动机的形成，还可能削弱了职责驱动性动机的进一步内化。组织沟通体系不畅通会导致信息缺失和信息不对称的现象，可能导致个人对外派现实的了解和认知不够充分，难以整合个人—企业需求。外派管理制度流程化意味着外派管理制度缺乏科学性和规范性，员工无法明确外派责任感和相应的胜任感，降低了员工产生自主性外派动机的激励效果。外派国家发展滞后对开展外派工作造成不便和阻碍，中国企业的外派国家多数是经济水平较低的发展中国家，往往存在工作生活条件简陋、国家政治局势动荡、医疗条件较差等情况，文化宗教信仰和风俗习惯也存在巨大差异。同时，外派员工无法完全理解和接受潜在的价值观和社会规范，难以促进外派动机的形成。

3.6 研究结论与研究意义

3.6.1 研究结论

本研究运用扎根理论方法，结合深度访谈技术和 NVivo 质性分析软件对我国多家企业的 27 名外派员工的外派动机进行了分析。已有关于外派动机的研究多数建立在西方文化背景下，缺乏中国外派员工的外派动机研究。同时，已有研究强调了外派动机的分类，并进行了理论模型的构建。本研究发现外派员工的外派动机较为复杂，按照自我决定程度的高低可归纳为自我发展性动机和职责驱动性动机两类。其中：自我发展性动机的自我决定水平较高，内外部动机基本保持一致或外部动机持续地倾向于向内部动机转化；职责驱动性动机的自我决定水平较低，内外部动机处于相对分离状态，但可以不断内化外在社会规范而提升动机的自主性。此外，本研究还探讨了影响动机形成的外部环境因素，即外部环境因素通过发挥其支持性/限制性作用，促进/抑制个人基本心理需求对个体外派动机形成的影响。因此，本研究系统地描绘了外派动机因素及其形成的内在机理，明确了外部环境的边界作用，拓展和深化了自我决定理论在外派领域的应用。

特别地，研究发现自我发展—职责驱动外派动机并非对立存在。以往的研究中就已经表明动机具有连续性，而本研究在此基础上发现外派动机也存在连续性，即多种外派动机因素有机地构成了完整的外派动机。其中，自我发展—职责驱动性动机的划分，体现了外派动机自主性程度不同，员工在外部环境的调节作用下不断地整合各类动机因素，使其处于不同自主性的节点上，形成完整且有连续性特征的外派动机。

3.6.2 研究意义

(1) 理论意义

通过文献回顾，本研究发现中国企业外派员工的外派动机实证研究相对较少，相应的理论探索较为匮乏，仅有少数学者基于需求理论和动机理论对外派动机进行分类，但是缺乏对外派动机形成机理的深度挖掘，理论框架并不完善。基于此，本研究将从以下几点阐述研究的理论启示和意义。

首先，本研究探索了外派动机因素及其分类。以往关于外派领域的研究主要集中在企业层面的外派管理（例如，海外人才的可持续性管理及其理论框架），且国内相关研究数量较为有限（高璎崚等，2021）。还有研究从个体层面出发，探讨员工外派适应（王亮，2018；何蓓婷，2019）、工作—家庭平衡（何蓓婷、安然，2020）和回任适应（叶晓倩等，2017；王娟茹、杨瑾，2019）等的现象和理论，以上研究都聚焦于外派中期和后期的现象及理论研究，对于员工外派前期的员工外派动机和意愿关注不足。基于此，本研究通过扎根理论方法从微观视角对个体的外派动机因素进行初步的探索和分类，是对外派领域中个体动机的有益探索。

其次，本研究挖掘了外派动机形成的内在机理，并构建了相应的理论框架。随着积极心理学的蓬勃发展，自我决定理论已经成功运用在组织管理领域。社会和组织的支持环境满足员工的基本心理需求，促进了员工的自主性动机和身心健康，从而提升绩效表现（Ryan & Deci，2017）。然而，目前较少的研究聚焦于基于任务导向的组织员工外派及其工作动机，已有的研究大多集中于西方文化背景下的自发式外派人员的外派动机。例如有学者的研究显示个体外派意愿和动机之间存在一定的区别，即与海外就业、取得成就相关的是外派动机，出于自身利益而移居海外的内在愿望则是外派意愿（Maranda & Fiona，2017）。本研究发现这种区别相对微弱，甚至可以说企业外派员工已经将动机和意愿整合为一个有机体。另外，有研究针对单身女性的外派动机进行了探讨，研究发现生活方式的选择是理解其外派动机的切入点，而不是职业生涯发展。本研究认为个体的外派动机相对复杂，理解复杂性才能把握动机的形成过程。因此，本研究强调了动机并非对立存在，同时对个体动机的形成及其内在机理进行了有益的补充。

最后，本研究拓展了自我决定理论在外派领域的应用。当今全球化人才加速流动，探讨自我决定理论在中国情景下外派管理实践中的应用，是对企业"走出去"、推动国际化、承担文化输出职责的积极响应。本研究在充分认识和理解认知评价理论、有机整合理论和基本心理需求理论的基础上，运用扎根理论方法对深度访谈获取的质性资料进行编码和分析，梳理了企业外派员工面临的外部环境因素（支持性环境和限制性环境），并通过满足或阻碍基本心理需求（自主、胜任和关系）的心理机制，提出形成两类外派动机（自我发展性动机和职责驱动性动机）的理论框架。本研究不仅丰富了自我决定理论中自主—受控性外派动机的内涵和分类，并为企业在选拔、培训和储备国际化人才的管理实践方面提供了参考。

（2）实践意义

本研究还具有一定的实践意义。首先，对于外派员工来说，明确外派动机意味着外派个人需要进行自我评价，在对企业外派任务有充分认识和了解的基础上，根据自己的意愿和能力进行选择和决策。尤其是在外派员工遇到困难或者压力事件时，充分发挥自主性动机的推动作用，开发个人的跨文化能力，并寻求多元的心理和社会支持，有利于外派任务的达成。由于企业外派往往具备明确的外派任务和目标，外派员工需要的不仅是具备一定的跨文化能力，还需要有承担责任和风险的意识，否则在跨文化环境中遇到困境的时候，容易退缩和逃避。

因此，根据个人和实际情况进行衡量的同时，客观外派的价值和职业资本的可雇佣性，对于外派员工在面临职业选择、调整和决策时具有一定的帮助。另外，企业外派活动往往面临社会文化潜在规范的约束，或者是外派管理的限制，因此，具备坚持的信念和决心有助于外派员工对跨文化环境中复杂现象和信息进行认知上的深层次加工，有助于理解和包容多元文化。同时，积极的信念有利于外派员工心理健康水平的维持，是顺利开展和适应外派生活、工作和互动交往的基础，而适应的状态又会进一步加强自我积极信念的收益，形成良性循环，促使外派员工进一步拓展生活和职业边界。

其次，对于外派管理者来说，应当重视外派员工的选派管理和激励制度设计。在外派员工选拔和培训上，需要考察外派员工的跨文化能力，选择外派意愿明确的外派员工会降低外派失败的风险，深入了解外派员工的外派动机具有重要的管理实践意义。考察和选拔自我发展性动机较高的外派员工，对于自我发展性动机较低的外派员工，可以通过短期和长期培训相结合的方式，给予充分的物质和精神激励。由于企业对外派员工的需求普遍较大，并不是所有外派员工都具有强烈而明确的外派目标，这时，企业应当配合一定的培训活动，为外派员工提供充足的信息，唤醒外派员工追求自我成长和职业发展的知觉模式，并引导和激发外派员工的外派动机。此外，在保证物质和薪酬激励充分的前提下，企业还应当注意到外派员工的情感需求。由于外派员工远离故乡和亲友，在海外容易感受到孤单、不安或抑郁等不良情绪，企业不给予及时的关注和充分的人文关怀，可能会挫伤外派员工的积极信念和意志，不利于外派任务的执行，甚至导致外派中断和失败的现象发生。因此，企业应当密切关注外派员工的心理状况，将培训和指导深入外派的每一个阶段，以便外派员工能够得到及时的职业和心理支持。

3.7 研究不足与未来展望

首先，由于调研条件的限制，本研究在收集外派员工样本时，大多对国有企业的外派员工进行访谈和数据收集，尽管用4名民营企业外派员工的访谈材料作为补充，但是依然缺乏对多种企业类型外派员工的采样。未来研究应当广泛地收集不同企业外派员工的数据，保证数据收集的有效性。其次，国际人才流动进一步丰富了外派形式，除了本研究中的任务导向型外派员工，自发式外派人员也得到了外派领域学者们的充分关注。因此，未来研究可以考虑选取两种不同类型的外派人员，探索不同边界条件对外派动机的影响差异，进一步丰富外派管理理论和职业生涯理论。最后，员工的外派动机、行为和外派结果是企业国际化实现的重点，而本研究尚未对个体外派动机如何影响外派行为进行研究，未来可结合定量研究方法深入探讨外派动机影响外派绩效的内在机制，并进行实证检验。

第4章

中国企业外派人员的外派动机对职业资本的影响研究——基于扎根理论的探析

4.1 引言

随着中国企业“走出去”开拓海外市场步伐的加快和“一带一路”建设的推进，中国企业外派人员也由此承担起一系列国际化经营管理的重任。截至2018年，中国对外派出劳务人员超过26万人[①]，企业外派已经成为中国大型企业人才资源管理中的经常性现象。然而，面对文化差异和外派环境的不确定性，外派人员的已有职业资本可能会遭遇“水土不服”的困境，阻碍个人在跨文化环境中的成长和职业发展。同时，外派意味着为个人提供了积累和提升职业资本的重要渠道，个人应当将外派任务视为重塑个人认知和行为的再社会化过程，是职业资本再增值的过程。因此，在无边界职业生涯时代，在企业外派人员职业资本流动性和可转移性背景下，如何在优化企业跨文化管理、提升企业国际竞争力的同时，拓展个人职业发展边界和实现职业生涯目标，积极积累和提升外派人员的职业资本，是一个亟待探讨和解决的问题。为此，本研究通过半结构化访谈，运用扎根理论的质性研究方法对我国企业外派人员外派动机、职业资本的影响因素及其互动关系进行探析，以期为企业跨文化管理提供理论依据和实践参考。

通过文献回顾和梳理，我们发现职业资本研究的兴起和构念的形成。基于传统的“职业胜任力”概念，因深深根植于

① 中华人民共和国国家统计局．中国统计年鉴（2019）［EB/OL］．http：//www. stats. gov. cn/tjsj/ndsj/2019/indexch. htm.

跨文化背景之中而被赋予了多元文化属性。外派人员通过海外生活和工作经历，拓宽了国际视野，加深了对多元文化的认知，挖掘并提高了广泛的跨文化能力，最终将其融入职业发展中并形成特有的职业资本。显然，海外经验已成为提升个人市场竞争力和企业国际竞争力的重要部分；个人通过外派经历获取个人发展所需的职业资本，而企业通过员工外派不断地拓展海外市场。因此，在市场国际化加快的进程中，个人和企业的发展都离不职业资本的积累和提升。从已有研究中发现，职业资本包含三个方面，分别是“知道如何做”“知道为什么”“知道是谁”，这为本研究提供了基础的概念框架。

然而，现有的职业资本相关研究主要集中在两个方面：一是明确职业资本的内涵和构成（Dickmann & Harris，2005），二是探索职业资本的影响因素以及结果，多数实证研究集中在职业资本对外派/职业成功等结果的影响，有关企业外派人员的职业资本及其积累过程和发展路径的研究甚少，且研究对象大多集中在自发式外派人员、移民、国际留学生等（何蓓婷、安然，2019），缺乏对中国企业外派人员及其职业资本独特性的关注。中国传统文化历史悠久，对个体的动机、认知和行为产生着深刻的影响，当个体进入陌生的跨文化环境中，工作和生活环境充满了挑战和不确定性，各方面认知都会受到文化差异带来的碰撞和冲击。然而，现有研究鲜少关注外派动机的积极作用，及其对职业资本的影响。基于此，本研究将重点关注中国企业外派人员的外派动机对其职业资本积累的影响，旨在明确动机因素在跨文化环境中的有效性。同时，本研究为现有的职业资本研究增加中国样本，并为中国企业跨文化管理实践提供有益的思考和借鉴。本研究试图通过第一手质性资料进行整合并回答以下三个问题：

第一，中国企业外派人员的外派动机中的关键动机是什么？

第二，中国企业外派人员的外派动机如何影响职业资本的积累？

第三，影响中国企业外派人员的职业资本积累的边界条件有哪些？

4.2 文献回顾

从人格特质角度来看，动机作为个人属性，对能力有较为稳定的影响（例如学习动机的获取、保留和复制对学习能力产生了较为恒定的影响）（Colquitt，LePine，& Noe，2000；Caligiuri et al.，2009），Caligiuri 等（2009）通过人格测量工具识别和选拔动机较强的个体，为实现员工的高工作绩效提升了可能性。在外派领域有关外派动机的研究并不丰硕，Yao（2016）从儒家思想的视角对外派人员的外派动机进行了探索和初步的分类，冯娇娇等（2017）结合 ERG 理论对中国银行外派人员的外派动机进行了探讨，但目前外派动机仍然缺乏统一的定义和分类。依据自我决定理论，个体的动机可以被分为自主性动机和受控性动机，引发的行为结果也不尽相同，其中受控性动机可能引发压力和个体的被动行为，可能带来消极的外派后果。因此，学者们普遍强调自主性外派动机的积极作用，Gilad 等（2010）证实了外派动机对外派有效性的积极影响，学者 Vesa 和 Fabian（2009）也提出企业外派人员出国的动机与提升财务效益、增加职业发展的机会、获取国际经验有关，还有学者发现诸多外派动机之中，追求职业发展机会是最重要的外派动机，因为在跨国公司中，国际工作经验是职位晋升的重要指标之一（Carpenter et al.，2001）。

由于外派动机的复杂性，外派人员争取的不仅是职业发展机遇，更多的是丰富的体验和经历，以及各类隐性和显性的职业资本。职业资本是指员工在其职业道路上获取成功所需要的一系列能力，包含“知道如何做”“知道为什么”“知道是谁”三个维度，相关研究主要集中在两个方面：一是探索职业资本的内涵，即从资源基础观（Resource - Based View，RVB）的视角，提出有形和无形的职业资本符合个人职业发展所需资源的要求，是个人职业胜任力的来源（Dickmann & Harris，2005；Smythe et al.，2013）；二是分析职业资本的构念，作为一个多维度的构念，Jokinen（2008）指出职业资本的“知道是谁”指的是组织内外部的关系网络集合，也包括调用社会关系中的弱联系和发展多样化的强联系。闫燕等（2016）基于社会学理论和资本构成角度对职业资本维度的划分进行了理论分析：从社会学理论视角出发，认为职业资本包括经济资本、社会资本和文化资本；从资本构成理论出发，认为职业资本分为人力资本、社会资本和心理资本。

随着全球化程度的加深，职业生涯领域的研究者们认为个人在管理职业生涯中具有很强的主动性，且职业发展并不局限在某一组织或者环境中。在这样的背景下，学者 Arthur 和 Rousseau（1996）提出的无边界职业生涯概念（Boundaryless Career）受到了广泛的关注。相比起传统的线性职业发展模式，无边界职业生涯强调了个人在职业发展过程中可雇佣能力的重要性，同时，相较于依赖长期的雇佣保障，这一概念认为个人应当以跨越和突破各类边界的方式进行职业发展。因此，持有无边界职业生涯态度的个人倾向于在充满不确定性和灵活性的职业发展道路中积累职业资本。同时，Littleton 和 Arthur（2000）提出的易变性职业生涯（Protean Career）是指职业资本的获取以自我导向和价值实现为驱动，强调了个人在职业生涯中寻求自我成长的自主性，而非依靠组织的引导和安排。上述研究对认识和理解个人职业资本的积累有重要借鉴和启示作用。

在已有的概念框架中，“无边界”内涵包括跨组织边界、跨职业边界、跨角色内外的边界和雇佣关系意义转变等职业生涯转换，但是缺乏对跨文化边界的探讨。一方面，持有无边界职业生涯和易变性职业生涯态度的个体具备自主性外派动机，更倾向于打破传统和已有规制，在更广阔的国际市场中寻找职业发展机遇；另一方面，在无边界职业生涯时代，雇佣者更加注重个体的流动性和可雇佣能力，其中，“市场竞争力”作为衡量无边界职业生涯的重要指标（Eby，2003），主观评价职业发展指标比客观指标更为重要（Weick，1996）。进一步来说，个体自主探索跨文化环境有助于提升“国际市场竞争力”。为此，本研究基于无边界职业生涯的背景，通过聚焦于自主性外派动机中的跨文化部分对职业资本积累的影响及其内在机理。

4.3 研究方法

4.3.1 扎根理论方法

扎根理论（Grounded Theory）方法作为质性研究中被广泛运用到的一种分析方法，其主要宗旨是从质性材料中构建理论（陈向明，1999）。一般来说，扎根理论应用于有限或者未知的特定现实领域，通过对特定情境中人们的认知、行为及互动的观察，归纳和提炼经验资料，并在此基础上进行理论建构的方法。扎根理论根植于现实考察和收集的质性资料中，将碎片化的资料围绕研究主题进行分类、提炼、整合至理论饱和，得出基于特定情境中，扎根于现实资料的理论。传统上对扎根理论的应用不基于设定的理论假设进行逻辑推导，而是自下而上的，直接观察现实情境，归纳第一手材料，从经验中概括和总结，最后上升至系统化的理论；其重点不在于经验性的总结，而是从现实中抽取和凝练新思想和新理论，这是扎根理论的首要任务。扎根理论在应用上对文献和理论准备的限制是为了避免预设观念和固有概念对未来理论建构的干扰。然而，在实际研究当中，研究者对研究问题的理解程度以及自身理论素养的不同，可以灵活地运用扎根理论推动研究的进程，不需要拘泥于刻板的规则。只要在尊重现实资料的基础上运用实质理论以避免从现象到理论跨越而产生的漏洞，有机地结合现有理论并形成密集型的形式理论，为特殊和广泛的实践提供深刻的意义解释。

4.3.2 行为事件访谈法的应用

行为事件访谈法是一种开放式的行为回顾式探察技术，是揭示胜任特征的重要途径（时勘、侯彤妹，2002）。该方法通过深入访谈了解受访者某段时期内在工作生活中遇到的重大或者关键事件，并回溯成功/失败的经历，详尽地描述事件经过及当时的行为和想法，具体包括：时间、地点、参与人、事件的起因、经过和结果，被访谈者的感觉、想法和行为等。通常情况下，行为事件访谈的时间较长，通常为60分钟至120分钟不等，访谈者需要采用录音设备全程记录，但要确保事先征求受访者的同意，并在访谈结束之后进行完整的转录形成文字材料。

行为事件访谈法对访谈者的要求较高，首先要经过专业的培训，其次准备访谈提纲以便把握访谈的整体节奏和方向，最后访谈者在整个访谈过程中应当保持注意力高度集中，做到积极地回应访谈者并适时地追问细节。为了了解情景的真实可靠性以及获取完整的关键事件，访谈者在实际操作中，利用STAR工具，围绕事件的四个重要因素进行深层次的挖掘：S——场景（situation）、T——目标（target）、A——行动（action）、R——结果（result）。例如，在本研究中访谈者有如下提问："事件发生时，您面临怎样的情景？（S）""您在这个事件中的目标是什么？（T）”“请您描述这一事件的过程，遇到困难了吗？如何克服的？（A）”“这一事件的结果如何，您有何感想？（R）”等。

4.3.3 选择行为事件访谈法的原因

首先，行为事件访谈法在评价胜任特征/素质等方面具有较高的稳定性。该方法已被广泛地用于识别员工的胜任特征，能够直接应用于组织内部人才选拔、培养和考核。在本研究中，外派人员的职业资本是其职业竞争力或者胜任力的体现，它的形成过程和特征因人而异，只有通过深度访谈和对跨文化环境中个人认知和行为细节的探索，才能结合并应用胜任特征结构和职业资本的理论框架，明确外派人员职业资本的内涵，并进一步地综合和提炼影响企业外派人员的外派动机对职业资本的影响。

其次，行为事件访谈法可以深入了解跨文化情景中外派人员的外派动机如何发挥，以及职业资本的获取。根据行为事件访谈法的目的可以发现，通过深度访谈，能够获取绩效优秀和绩效一般在工作情景中表现的关键特征差异（王秀玲等，2007）。在实施过程中一定程度上需要遵循访谈提纲，但不必完全拘泥于此，在访谈过程中访谈者和受访者双方都可以发挥一定的主观能动性，共同推动访谈进程，尽可能多地获得关键事件，挖掘与外派人员外派动机相关的个人行为细节，以及外派人员职业资本的内涵。

最后，行为事件访谈法能够帮助本研究聚焦于三个问题，外派人员在海外工作生活的过程中，在不确定性中遇到多重挑战，例如跨文化的多方面适应、突发事件的应对和处理、工作技能的学习和提升、个人情绪管理、对外部支持的需求等，都影响着个人在海外的工作开展及个人的职业发展。行为事件访谈法可以根据不同外派人员的正面或者负面的关键事件广泛收集信息，通过丰富的细节汇总分类外派人员的职业资本，并且通过关键事件的描述挖掘外派动机与职业资本的内在联系，为之后的研究问题捕捉灵感，丰富理论模型。

4.4 研究设计

4.4.1 访谈提纲设计

本研究访谈提纲同时采用了封闭式问题和开放式问题，围绕本研究的主题进行大纲设计，且具有一定的逻辑性，具体问题设计应当遵循以下几个原则：一是首先用简短的语句表明访谈的要求和目标；二是尊重客观事实，访谈问题避免带有主观倾向性和引导暗示；三是根据先封闭后开放的顺序，逐步推进访谈问题的深度。在访谈过程中，我们主要引导受访者对外派经历进行大致的描述，了解其外派动机、外派适应状况、应对跨文化挑战等外派历程。同时，我们还重点引导受访者对外派前中后三个时期内的重大事件进行描述，了解对受访者职业生涯产生影响作用的重要因素。主要提问内容有："您在外派过程中实现了个人追求吗？外派结果达到您的预期了吗?”“您的外派经历对职业生涯有重要影响吗?请说明原因。”“您遇到过文化差异或者文化冲突的状态吗?如果有,您是怎样处理的?结果如何?”等,具体访谈提纲见附录 B。在调研过程中,访谈人员需要营造出轻松的谈话氛围,消除受访者的紧张情绪,鼓励其畅所欲言。在访谈时,根据情景或者个人需要不断地调整和修正问题,并不完全拘泥于访谈提纲。同时,根据访谈框架掌握访谈节奏和进度,访谈者可以深入一些经验背后的重要信息或者问题,并适时地要求受访者提供尽可能多的细节。

4.4.2 访谈过程

本研究采取半结构化的深度访谈方式,为了获得较高质量的访谈资料,研究者在选取访谈环境时依然以线下“面对面”的形成为主,最大限度地降低外界环境的干扰,使受访者感觉到舒适和安全。在进行针对子研究一的调研过程中,研究者发现保证访谈空间的安静和私密非常重要,免受外界打扰的过程更容易使访谈双方开展沉浸式的谈话和研究,因此,本研究依旧选择能够独立使用的会议室和研讨室作为访谈场所。

此外,在消除了紧张的谈话氛围之后,交流沟通中难以避免偶有脱离主题的现象,这时不仅考验研究者对访谈提纲的掌握,也要求访谈者具备良好的谈话素养,把握对话主题和访谈时间。“一对一”是指访谈者和受访者的访谈方式,并不是有且仅有两个人参与访谈,其中,访谈参与者也发挥了重要的作用。访谈参与者一般是该研究团队的成员或者该研究领域的专家，人数在3人以内为宜，在访谈进入尾声时，可以采取开放式访谈环节，访谈者询问在场专家是否还有其他问题，参与者可以对访谈过程进行简要总结和补充，丰富了访谈内容，使访谈过程更加完整。

深度访谈对访谈次数没有明确要求，但应当遵循“信息饱和（Saturation）原则”，Fusch 和 Ness（2015）指出“受访者数量是否足够，其中关键指标之一是信息饱和（Informational Saturation），也就是说访谈者在访谈过程中会听到重复或者相同意思的信息，不能再从访谈者口中获取新的信息”，因此，当访谈人员发现不断出现重复的信息，没有重要且新的信息或者主题出现的时候，可以认为信息已经饱和，可以停止访谈了（孙晓娥，2012）。

4.4.3 数据收集

为了保持质性研究部分的一致性，本研究在上一章研究的基础上，时隔数月之后，继续对先前的27名企业外派人员进行了二次访谈。从研究一中可以发现，在对民营企业外派人员的访谈资料进行编码和分析时，编码并未出现明显的偏差，通过了理论饱和性检验。在本研究中，为了进一步获取更加全面和具体的企业外派人员发展情况，研究者基于数据可得性的原则，继续增加了8名来自国有企业外派人员的基本资料和访谈实录，访谈人数共35人（见表4.1）。

表 4.1　　受访人员基本信息汇总（补充）

编号	公司性质	行业	外派国家	性别	外派时间	外派次数	年龄范围	学历	职业
A28	国有企业	技术系统	印度尼西亚、荷兰、加拿大	女	约 4 年	3	25—30 周岁	本科	信息技术
A29	国有企业	建筑	沙特、坦桑尼亚	女	约 6 年	2	30—35 周岁	本科	财务管理
A30	国有企业	建筑	沙特	男	约 5 年	1	46—50 周岁	本科	项目管理
A31	国有企业	建筑	沙特	男	约 5 年	2	31—35 周岁	本科	事业部管理
A32	国有企业	医疗	加纳	男	约 5 年	2	41—45 周岁	本科	医疗服务
A33	国有企业	建筑	莫桑比克	男	约 3 年	2	26—30 周岁	本科	工程管理
A34	国有企业	商务	印度尼西亚	男	约 5 年	4	41—45 周岁	本科	商务贸易
A35	国有企业	建筑	加纳	男	约 2 年	1	26—30 周岁	硕士	商务技术

注：为保证受访者的隐私权，统计信息中已隐去受访者姓名。由于表格空间限制，沙特阿拉伯简写为“沙特”。

具体而言，研究者通过与某企业部门负责人的联络，与该国有企业建立了正式沟通的渠道并确定研究合作的有关事项。该负责人发动和组织焦点小组访谈，正式介绍受访外派人员和访谈者的基本情况及其他一些互动来“破冰”；接下来由访谈者对在场受访者介绍研究内容和目的并给予受访者一定的思考和准备时间，之后就灵活采用单独提问或者讨论的形式，在彼此启发和互动的过程中，对同一问题进行了多角度、多方面的思考和探讨，促进和推动了访谈的进行，使访谈内容更为丰富，也更具实践价值。

在访谈之后，作者与其他相关研究人员第一时间进行回顾和讨论，主要针对本次访谈的开展及之后访谈的改进提出建议和意见，必要的时候修正访谈提纲，使访谈提纲更贴合研究主题。接下来，由参与或者了解该研究的研究人员及时完成对访谈语音材料的转录，并邀请科研助手（多名本校的本科生）进行校对，完成校对之后形成了大量的文字材料；在所有访谈结束之后，形成了50万余字的访谈资料。最终作者随机选取30份（七分之六）的访谈实录材料作为接下来编码和理论模型构建的基础，其余5份（七分之一）作为检验理论饱和的材料。

4.5 数据分析

4.5.1 开放性编码

通过沉浸式阅读，研究者对访谈资料持续进行考察、对比和分析。首先，阅读访谈转录稿，并进行初步的整理，通过对材料的整体认知结合外派动机、职业资本、跨文化适应、国际人力资源管理等相关关键词句，如跨文化体验、自我锻炼、职位晋升、知识技能、机遇与挑战、工作适应、生活适应等类似关键词句进行标识；其次，反复阅读已有编码并归类，最终形成354个节点及对应初始概念，如表4.2、表4.3、表4.4所示。

表4.2　　跨文化动机和外部环境的开放性编码（部分）

转录资料	标签
B3：这个动机就是“锻炼”，没有什么别的动机。（C31a） 个人的主观能动性很重要。（C31b）因为当时那个时候刚出去比较畏缩，所以在很多事情上他自己都不是很有信心，没什么动力，（C31c）就是主动去承担一些事情，或者主动去接触更多的人和事，就还是有一点儿被动地等着安排这样的心理。（C51a）	C31a. 想要在外派中得到“锻炼”（自我提升）。 C31b. 外派人员的主观能动性很重要。 C31c. 外派前期畏缩，缺乏动力。 C51a. 被动地等待而不是主动寻找机会。
B5：我忍耐力比较好，再有一个就是我这个人比较乐观，不管是住啊还是吃啊，我比较能够适应，（C41a）各种各样的地方，适应能力比较强。（C51b）	C41a. 适应能力强。 C51b. 具备忍耐力、积极乐观的心态。
C1：肯定是第一次出国，异域风情，感觉一切都是新鲜的。（C11b） 当地人打官司无所谓，后来自己提高警惕了，把这种情况杜绝了。（C43a）尽量避免这种刺头的当地人长期在公司待着，发现了就裁掉。把工人先安抚住，让工人先回去。等条件合理的时候答应，因为怕事情升级。（C44a）然后让先垫款给分包商，先把工资发出去，回头再从分包商全款中扣除。（C43b）	C11b. 面临跨文化情境觉得新鲜。 C43a. 跨文化环境的认知水平提高，行为也随之改变。 C44a. 了解当地实际情况有助于应对属地管理的问题。 C43b. 采取具体的应对措施。 C11d. 外派人员具有一定主动性、情商还有基本素质是前提。 C21e. 主动建立外部网络。 C21f. 主动提出和发起连接外部资源的活动。

续表

转录资料	标签
D1：我觉得肯定是主动概率更高，如果不主动的话这几乎也就很小嘛；个人魅力也好还是个人素质也好，那也一定要有一定基础的。（C11d） D2：我们跟当时这个机构只有在埃塞俄比亚有联系，也是我从他这边得到这个消息，（C21e）当时想说如果要去参加这个国际论坛，他们就一定要跟联合国工业发展组织总部这边有接触，有沟通。这个事儿是在我真的是几经请愿……（C21f） E2：因为你要跟周围很多当地人接触，不可能自己孤立。（C22b） E3：我觉得融入有一个过程，比如说你可以主动地去，就是，首先你进一个小圈子吧。（C22c）	C22b. 要主动与当地人沟通交流，不封闭。 C22c. 主动融入某个圈子，建立社交网络。
A1：我们在国内的索赔方式和赞比亚当地的索赔方式是完全不同的，我们就得依靠当地的监理公司，（S32a）就是跟我们合作的公司，在这个索赔的过程当中，他们那边是很依靠文件的。（S32b） A4：现在的条件慢慢地改善，但是好多地方它整体的医疗水平还是不行，所以有的病人必须回国治疗或者去其他发达国家治疗。（S22a） 非洲的劳工法吧，就是这个东西，还有法律也是非常严的。（S32c）	S32a. 当地与国内法律环境不同。 S32b. 当地严格依法办事。 S22a. 当地医疗水平较差，就医成本高。 S32c. 当地劳工法严格。 S33a. 宗教信仰差异。 S34a. 当地员工不够勤奋。 S34b. 当地员工容易产生反抗情绪。 O11a. 母国公司为外派回任设立了相关制度

续表

转录资料	标签
B1：宗教，他们信基督教，中国人信奉马列主义。（S33a）还有他们生活的思想观念意识，习惯比较懒散，不像中国人那么勤奋，比如时间观念没有那么严格，工作态度没有那么积极，必须不停地督促他、催促他。（S34a）有时还要进行物质奖励，但是惩罚一是不允许，二是容易激起他们反抗心理。（S34b） C1：应该更积极地为国内人员回任做工作，公司制度上已经设计了。（O11a）早就在制度上已经规定了，国外有两年以上工作经历的回国优先安排、晋升、提拔。（O12a） C2：有三类人，第一类是国内的人力总监，他给我的帮助最大；（O32a）为什么说他给我影响很大呢，是因为包括去赤道几内亚这个事情他会把所有情况都给你说清楚，然后他会告诉你利弊，（O32b）不管是工作还是生活，就告诉你所有的真实的情况是怎样的，对于你来说你可能面临的挑战是什么，然后让你自己去决定去选这个东西。（O32c）所以他把这些东西给你罗列出来以后，对我心态上的影响比较重。（O33a） J1：然后一直就是，我们两个人在一块儿，所以就互相非常了解，（O31a）而他的岁数跟我妈差不多大，然后呢，我们来自同一个地方，他们家孩子跟我又差不多大，所以的	O12a. 回任制度包括优先提拔或者晋升。 O32a. 管理者的职业帮助大。 O32b. 已有外派经验者提供支持，帮助了解外部环境。 O32c. 领导者对外派人员的选择足够尊重。 O33a. 上级通过指导和帮助，为外派人员提供职业和心理支持。 O31a. 与指导者彼此了解。 O31b. 与指导者各方面非常相似，能够获得很多信息。 S34c. 相比国内，女性在国外市场工作时会受到充分的尊重。

续表

转录资料	标签
话，跟我的关系就会走得近，交流的信息比较多。（O31b） H：国外是这样，国外做市场，外国人很尊重女性的，你说我不喝酒，你说我不会喝酒，人家不会说逼着你喝酒，但国内做市场是不一样的，就是一定要喝酒的，你把这些酒喝了，我欠款就还你。（S34c）	

注：为保护受访者隐私，本研究对其姓名按照企业分类采取了匿名处理。为了有效说明研究过程和节省空间，此表格仅显示部分开放性编码结果。编码说明：C = 跨文化动机，S = 外部因素（社会），O = 外部因素（组织）。

表 4.3　外派人员职业资本开放性编码（部分）

转录资料	标签
C2：个人职业发展的知识积累方面（有所提升），就不是那个岗位晋升那一块儿。（H1）我不知道公司那块儿，但对于我这块儿来说（外派目的）是达到了。（Y1） E1：除了工作上面的交流，可能要与外面的人交流，总体上来看我在国外还是比较满意的，收获比较大。公司领导对我的工作还是比较认可的。工作四年嘛，回来也是有一个小小的提升（晋升）。（M1）	H1. 外派经历促使工作技能的提升。 Y1. 外派实现了个人发展目的。 M1. 外派回任后获得职位晋升。
A1：第一个是开放性的，一个就是不守旧，接受新鲜的东西，另外一个就是心态开放的、空杯的。（H1）	H1. 经历外派之后发现保持开放的心态、有求知欲很重要。

续表

转录资料	标签
A4：所以我当时出去的时候，也没有经历很多的反复的折磨，我当时确定出去，这个事定了，我就出去了。（H2） B4：一个是财务自由，一个是职业自由，是吧？想在哪干就在哪儿干，大概是到这么一个水平了。（Y1）	H2. 外派之前，积极主动地面对即将到来的外派工作挑战。 Y1. 外派之后，对自身的工作能力和职业发展充满信心。
A1：你首先拿到这个标之后，你要先打听出来这个标的底价，他们大概有多少预算，你们觉得能不能做，你们做的话你们就要去找当中的关键人，一般找对了关键人就好了。（H1） A4：这个人资（人力资源管理部门）的，还有一个，我们人资这个（领导），他是从部队上出来的，他当过工程兵，武警工程兵，他回来之后，直接跟我做同一个项目。中间他又调到国际公司来负责国际公司人力资源这块，其实这都是很熟。（H2） A6：跟安哥拉那边政府部门接触是比较多的。一遇见办签证，我们接触政府部门吧，也是通过跟咱们公司关系比较近的一些当地黑人朋友，通过他们就慢慢接触一些政府部门，再通过政府部门的官员相互之间引荐，就接触到上面的部长。（H3）	H1. 有能力联系和运用外部社会资源。 H2. 熟悉组织内部的权威人物。 H3. 能够与当地人有效沟通交流并建立良好关系。

注：为保护受访者隐私，本研究对其姓名按照企业分类采取了匿名处理。为了有效说明研究过程和节省空间，此表格仅显示部分开放性编码结果。编码说明：H = Knowing - How，Y = Knowing - Why，M = Knowing - Whom。

表4.4　　外派人员的外派适应开放性编码（部分）

转录资料	标签
A5：第一天看人家交流得很流畅，第二天自己开车去，去了以后有什么不明白的就跟管理员打电话，我是谁，三句话就把这个事情解决了，随着去的次数多了吧，沟通也多了，连比划带英语带阿拉伯语就会点儿了，够用。（苏丹）（E21a） B1：生理上的不适应我觉得这个可能比较少，因为对我而言，我去的这个国家不是生活条件特别严酷，还可以（E21b）。据我了解也就是疾病比国内多一点。饮食上我个人没有问题，但其他人可能有，因为我是这个项目建成后几年才过去的，不是初创期，那个时候已经有食堂了，吃饭基本上都是在中国食堂吃，和国内差不多。（赞比亚）（E21c） C1：但是你要出去要有个业务伙伴或者有个什么人，谈个事情用到法语了，一般我们都要带个翻译去。或者他们工作好几年的，法语水平比较好的那些，他们能谈，最大的困难是这个困难。（E21d）	E21a. 外派过程中的英语可能不是通用语言，还需要其他语种辅助，必要情况需要翻译。 E21. 生理没有不适，可以接受整体生活条件。 E21b. 疾病发生的可能性较高。 E21c. 可以吃中餐，饮食条件良好。 E21d. 为了更好地展开工作，要接触并学习当地语言。
D2：对于我而言啊，是从一个学生身份到一个职场身份的转变，这个过程对我来说比较困难，可能比较困难，而不是说就是因为它是一个国外环境，相反这个环境可能对我更有利。（E22a） E4：首先比如说，出了国门，撒手，把你放到前方，也是刚刚走出校门，这是一个认知上把自己揉碎，前行适应的一个过程。经过这个蜕变的话，是成长了。（E22b）	E22a. 应届生在外派时，要应对的是学生—职场新人的转变（心态），而不是跨文化差异。 E22b. 应届生进行外派，主要是重塑自我认知，完成心理上的转变。 E22c. 外派中任务繁重，会直接面对各种挑战。

续表

转录资料	标签
另外，前方的工作任务是很具体的，我也是负责技术、施工和管理的。都是一个具体的工作，所以这方面的话，担子派过来了，只能硬着头皮上。（E22c）	
C1：适应，因为英语我们中国人都会嘛，去了之后完全没问题，跟当地人沟通没有任何问题（E23a）。除非是去农村，当地的生活很好融入，他们当地人比阿拉伯人要友善一些，阿尔及利亚是阿拉伯人，阿拉伯人比较强势，文化强势概念比较重。斯里兰卡人信佛教，和善，什么事情讲究一种和谐退让，当地人你骂他，他都感觉还是一种认可的。（E23b）你要阿拉伯人骂他，他就急了。可能在斯里兰卡外语水平不是特别重要，因为英语都会，并不是说一个突出项。斯里兰卡主要是业务能力还有人际关系。（E23c） F1：对，就是面对面了，有时候跟他们在一起，吃在一起，有时候我还跟我们的客户一块儿去喝酒，在埃塞俄比亚的时候我和他们对唱那个流行歌曲，埃塞俄比亚有名的一个是它的那个舞蹈，抖动身体的舞蹈。（E23d） J1：这个律师吧，是当地的一个典型的代表，你看这个律师就知道厄瓜多尔人什么样。第一就是典型的乐天派，热情、奔放、豪爽、爱喝酒，第二就是不守时、不守信、不办事，偷奸耍滑。通过他之后我就见怪不怪了，（了解）当地的一些情况。（E23e）	E23a. 英文水平足够日常交流，能够融入当地生活（斯里兰卡）。 E23b. 当地人（斯里兰卡）和善，容易交往和相处。 E23c. 工作能力突出的同时，良好的人际交往很重要。 E23d. 与当地人在工作以外经常互动，交往密切。 E23e. 当地人性格豪爽但性情散漫，不守信，在工作中难以展开合作。

注：为保护受访者隐私，本研究对其姓名按照企业分类采取了匿名处理。为了有效说明研究过程和节省空间，此表格仅显示部分开放性编码结果。

聚合后得到 H1 专业知识，H2 职业学习，H3 跨文化能力，Y1 自我认知，Y2 职业认知，M1 导师网络，M2 网络互动，E1 一般适应，E2 工作适应，E3 互动适应，C1 跨文化体验，C2 跨文化学习，O1 职业规划管理，O2 跨文化管理，O3 正式、非正式导师行为，S1 政治环境，S2 经济环境，S3 文化环境，共 18 个范畴，每个范畴展示部分原始材料的内容，如表 4.5 所示。

表 4.5　　　　开放性编码的初始概念及范畴（部分）

编号	初始编码（示例）	范畴
1	H1 工作技能提升，H1 被领导认可工作能力，H1 绩效考核成绩良好	H1 专业知识
2	H2 想要在外派中不断学习，H2 掌握更多工作机会	H2 职业学习
3	H3 主动地联系，H3 组建团队，H3 掌握当地的语言	H3 跨文化能力
4	Y1 外派之后个人心态更加开放，Y1 迎接外派挑战，Y2 外派之后对职业发展充满信心，Y1 不守旧，Y1 接受新鲜事物，Y1 有空虚感，Y1 关注精神需求，Y2 满意自己的工作绩效，Y1 学习能力，Y1 自己探索路径	Y1 自我认知
5	Y2 失去方向，Y2 看好职业发展前景，Y2 工作多年，专业水平有保证，Y2 熟悉现有工作及领域，Y2 一起成长（与公司），Y2 总体满意，个人目的达到了，Y2 个人规划去留学	Y2 职业认知
6	M1 父母没有建议和要求就是一种支持，M1 网管很活跃，帮助他人融入集体，M1 翻译影响大，帮助了解生活和风土人情，M1 跟秘书一起组织足球比赛，M1 女朋友是动力，M1 团队之间相互鼓励，M1 熟悉权威人物，M2 有效的沟通，M2 有人际圈（在当地），M1 通过当地人打开市场，M1 处理好组织内部人际关系	M1 导师网络

续表

编号	初始编码（示例）	范畴
7	M2 联系和运用外部社会资源，M2 主动融入某个圈子，建立社交网络，M2 跟他（当地人）熟悉之后才有机会深入了解（当地文化），M2 主动提出和发起连接外部资源的活动	M2 网络互动
8	E1 可以接受当地生活条件，E1 医疗水平逐步提升，E1 不方便就医，E1 重塑认知	E1 一般适应
9	E2 应对紧急事件的发生，E2 工作中人际关系并不简单，E2 中国人多，工作好沟通，E2 生活和工作界限不清，E2 经常加班	E2 工作适应
10	E3 英文水平足够日常交流，E3 当地人容易打交道，E3 与当地人接触少，E3 积极参与当地人的活动，E3 对社交不感兴趣，工作需要	E3 互动适应
11	C1 有意识地提高对跨文化环境的认知，C1 开阔眼界，C1 感知文化差异，C1 面临跨文化情境觉得新鲜，C1 外国人相对尊重女性，C1 融入当地也是个人偏好	C1 跨文化体验
12	C2 获取国际经验，C2 加深对当地文化的了解，C2 深入沟通才能理解文化，C2 掌握当地社会法律知识，C2 海外经历很重要	C2 跨文化学习
13	O1 象征性的提拔，O1 回国后被提升，O1 优先晋升有外派经历的人员，O1 人才培养计划有流水化的统筹安排，O1 国内国外领导不同，相应职位也变化，O1 依照领导意愿安排回任	O1 职业规划管理
14	O2 不服从管理，管理难度大（国人），O2 引进考勤机，O2 尽量打成一片，O2 比较散漫，缺乏目标导向，O2 培养外派人员的资源有限	O2 跨文化管理

续表

编号	初始编码（示例）	范畴
15	O3 提供了学术和非学术的许多可能，O3 向标杆学习，O3 从他身上学习谈判策略，O3 主任在回国和工作上起到推动作用，O3 工程项目中导师制普遍，师傅多，职能类的没有专门的指导	O3 正式、非正式导师行为
16	S1 埃塞俄比亚在非洲局势最稳定，S1 治安状况相对良好	S1 政治环境
17	S2 中国医疗队非常重要，当地无法解决工人拔牙问题，S2 两优贷款，优买和优贷，S2 注册当地公司风险高，国内要认证	S2 经济环境
18	S3 以当地公司名义，编订劳动合同，S3 法律广泛，不了解而处处碰壁，S3 熟悉涉及用工的法律，否则难以开展工作，S3 被告多次，当地工人雇佣的麻烦，S3 在当地雇佣要符合中外双方的政策要求，S3 遵守当地的习惯（伊斯兰教），S3 尊重他们在工作和生活中的做事习惯，S3 女性出行比较危险（印度），S3 没有喝酒文化	S3 文化环境

4.5.2 主轴性编码

主轴性编码的重点在于分类和界定概念，厘清概念的区别和关联，对开放性编码的所得代码进行分类整理并重新排列。在这个阶段，需要形成更高层次的范畴和抽象纬度，并将主范畴和次范畴相对应，探究其中的内在联系。基于此，本研究归纳出 7 个主范畴和 18 个次范畴及其范畴内涵。具体如表 4.6 所示。

表 4.6　　主轴编码、主要范畴及其内涵

主范畴	次范畴	范畴内涵
知道如何做 H	H1 专业知识	外派人员在外派期间学习和积累的显性和隐性知识技能
	H2 职业学习	外派人员对职业发展动态保持关注，并不断更新职业知识
	H3 跨文化能力	外派人员在跨文化环境中形成的适应于多元文化情境下的认知、行为框架
知道为什么 Y	Y1 自我认知	外派人员在外派期间形成的自我认同感和自我效能感
	Y2 职业认知	外派人员在外派期间形成的职业认同感和职业满意度
知道是谁 M	M1 导师网络	外派人员在组织内外部、组织间、社会关系的网络组合
	M2 网络互动	外派人员与网络节点之间的互动，以及获取的知识和机会
外派适应 E	E1 一般适应	外派人员在外派过程中，适应当地的日常生活并达到舒适的心理状态
	E2 工作适应	熟悉工作角色、任务、责任和组织环境
	E3 互动适应	能与当地人正常交流沟通并感到舒适和熟练
跨文化动机 C	C1 跨文化体验	对于在跨文化环境中的衣食住行和人际交往感到好奇和向往
	C2 跨文化学习	对于在跨文化环境中学习充满兴趣
外部因素（组织）O	O1 职业规划管理	母国公司对外派人员职业发展进行的统筹安排
	O2 跨文化管理	东道国公司在跨文化环境中进行的管理实践活动
	O3 正式、非正式导师	组织内部资历深、经验丰富的个人为外派人员提供职业、心理支持，或起到角色榜样的作用

续表

主范畴	次范畴	范畴内涵
外部因素（社会）S	S1 政治环境	外派国家的政治局势和治安状况
	S2 经济环境	外派国家的经济发展水平
	S3 文化环境	外派国家的文化发展水平，以及文化差异程度

4.5.3 选择性编码

选择性编码是对主范畴之间的逻辑关系进行系统的联结，其目的在于深度分析核心范畴并描绘范畴之间的关系和影响形成理论框架，并以“故事线”的形式将各个变量及变量间的关系纳入理论模型中。通过对7个主范畴的主轴分析，本研究得到了“跨文化动机对职业资本影响”的一条“故事线”，即在与外部环境的互动中，外派人员的跨文化动机通过达到外派适应的状态，从而获得职业生涯所需的职业资本。主范畴关系结构及其内涵和代表性访谈语录如表4.7所示。

表4.7　跨文化动机对职业资本影响的主范畴典型结构

典型关系结构	关系结构内涵	代表语句
跨文化动机→外派适应	对跨文化环境持有兴趣和好奇，会加强其认知能力并达到各个方面适应的状态	我觉得融入有一个过程，首先你要主动地进入一个小圈子，因为我在人力资源部门和财务部门都工作过，和当地人接触也比较多，英语能力还可以，沟通起来是没有障碍的

续表

典型关系结构	关系结构内涵	代表语句
外派适应→知道如何做、知道为什么、知道是谁	工作生活和互动的适应状态有助于个人进一步拓展认知边界，增加职业竞争力	我对整体的外派经历是比较满意的，不是说岗位晋升那一块儿，而是自己有了一定的知识积累。外派前的初衷是能够有国际经验，外派的时候就会接触到不一样的信息，产生新的想法。当时倒没有想过会很快提升的问题，我反倒觉得国际经验可能会带给我不一样的思维方式，不一样的经历
外部环境（组织）的调节作用	组织管理制度对外派人员适应和职业资本积累的影响作用	现在公司政策一直在完善，比如说休假制度，原来是我们外派出去之后，一个管理人员是12个月休1个月，这个时间对管理人员的时间是够长，但是公司慢慢也发现这不够人性化。现在我们只要是管理人员，8个月休1个，不能让大伙觉得没有盼头
外部环境（社会）的调节作用	文化差异对外派人员适应和职业资本积累的影响作用	中国人到了非洲的时候，负责对外国公关性的酒多少是要喝一点儿的，但是国外的酒文化跟中国的又不一样。慢慢认识一些朋友，大家的文化，就相互增进了了解，口语能力也上去了
知道如何做↔知道为什么	掌握跨文化工作技能促进了职业认同感，进一步获取更多跨文化经验	工作四年回来之后有一个提升（提拔），公司领导对我的工作还是比较认可的，总体上来看我对外派还是比较满意的，收获比较大

续表

典型关系结构	关系结构内涵	代表语句
知道为什么↔知道是谁	以自我实现为导向寻求社会关系的反馈，进一步增强了自我成长的信念	帮助最大的是一个校友，是他影响我坚持去作这个决定，在我申请过程中他是非常重要的一个人
知道是谁↔知道如何做	丰富的社会关系是有效的资源，进一步寻求学习机会，提升职业学习能力	他给我的帮助是两个方面的，工作生活上都有，我一开始跟他不太熟，但是会跟他了解工作上的情况。另外一个帮助就是熟悉之后，他会带你熟悉周围环境

另外，为了增强对选择性编码的解释力度和进一步具体化主范畴之间的关系，本研究将对备忘录进行分析，帮助解释理论框架；在编码过程中保持备忘录的撰写和更新对于厘清整体脉络具有很大的帮助，能够支持研究者形成更为清晰的思路。图 4.1 和图 4.2 为外派人员的跨文化动机和职业资本关系的备忘录示例。

从图 4.1 中可以初步总结，外派人员的跨文化动机在于自愿接受外部环境的挑战，跨文化动机的作用能够促使个体激发自我潜能在，克服不确定性带来的压力，将适应过程作为学习过程，重塑认知以突破已有的思维模式，逐渐形成灵活的思维模式；图 4.2 显示组织支持和导师指导都能够提供有效的心理支持和职业支持，有助于外派人员进行外派适应并实现职业发展所需的职业资本积累。综上所述，本研究构建了跨文化动机对职业资本的影响模型，如图 4.3 所示。

外派人员的跨文化动机、认知和行为的关系

(1) 将外派视为一次“自我锻炼”或者“自我提升”机会的外派员工，将外派视为学习过程，有求知欲，更愿意在跨文化环境中“不断尝试和突破”，加深多元文化认知和自我认知，最终逐步明确个人发展方向。

(2) 中国人普遍较为内敛，主要表现为“放不开”，而外派人员的“主动性”和“开放性”非常重要，尤其在面临需要拓展的业务上，或者困难时期，“主动性”强的员工会主动寻求他人的“帮助和指导”，而不是“被动地等待”获得解决问题的机会和相关资源。

(3)“适应能力较强”的外派人员往往表现出“沉着冷静”的态度，及时调整自己的心态并通过各种方式缓解不适和压力（如参加聚会、运动等），积极地迎接各项挑战，增强达成外派目标的信心。

(4)“灵活性”强的外派人员，面对跨文化环境的多变和不确定性会采取不同的应对措施，特别是在与当地人沟通交流过程中，更容易通过沟通技化解尴尬或者僵持的局面，达成阶段性的目标。

图 4.1 外派人员跨文化动机分析备忘录

组织支持和导师指导如何影响外派人员的职业资本

(1) 心理支持能够帮助外派人员愿意“克服畏惧感和紧张感”，提高解决问题的“信心”。组织支持都可能提供心理支持，并非以问题为导向，而是帮助外派人员达到“舒适的心理状态”，完成自我调整，然后自主面对问题。

(2) 外派人员的职业资本提升表现在指导和被指导的高质量互动关系上，主要表现为双方工作理念或者“观念相近”，目标一致可以共事；或是不限于工作关系，“私交”甚好，双方“价值观相近”，或是拥有“相似”的文化背景（老乡、校友等）；从而建立了信任感和承诺感，有利于外派人员获得心理支持和职业发展支持。

(3) 外派人员与领导或者正式导师“合得来”可能是因为在中国文化背景下，人们有较强的建立社会网络的需求，而通过权利相对集中和具备一定影响力的人，获得了更多更广泛的“资源”。

(4) 中国企业在跨文化管理和外派人员职业规划管理方面在不断地改进和完善，特别是国有大中型企业的人才培养计划多为统筹安排，模式相对固定，缺乏“个性化指导和帮助”，外派回任制度的实施不到位，可能制约了个人在企业内的“职业发展”。

图 4.2 外派人员职业资本分析备忘录

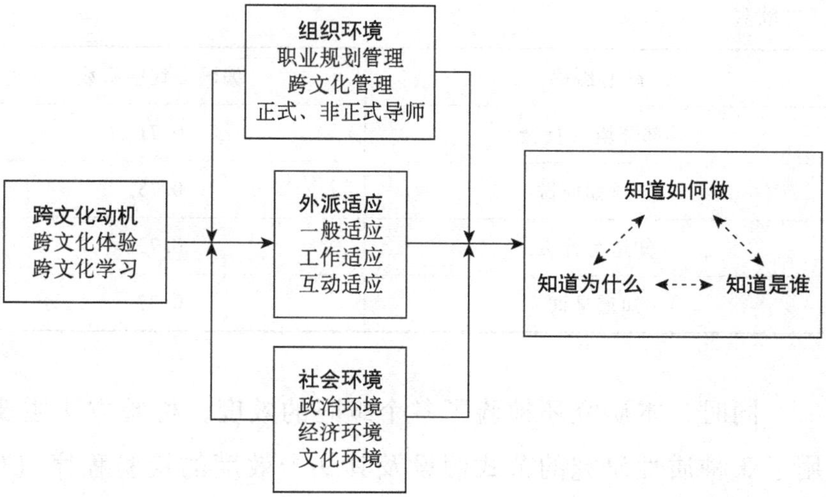

图 4.3 跨文化动机对职业资本的影响及其内在机制模型

4.5.4 信度与效度检验

在开放性编码（一级编码和二级编码）、主轴性编码和选择性编码之后，需要对各变量进行信度检验，本研究尝试使用 NVivo 进行多人编码及编码比较，判断编码人员之间的编码一致性程度，即一致性检验（Kolb & Burett，1991），并通过 kappa 系数来说明编码的信度，本研究中主范畴编码的一致性检验结果如表 4.8 所示。

表 4.8 核心编码一致性检验

核心编码	编码一致性系数
跨文化动机	0.78
外派适应	0.72
外部环境（组织）	0.70

续表

核心编码	编码一致性系数
外部环境（社会）	0.71
知道如何做	0.75
知道为什么	0.73
知道是谁	0.77

同时，本研究还检验了各个编码的效度，检验方法主要运用了3种质性研究的范式假设及其9个效度的检验程序（Creswell & Miller，2000）。结合本研究实际调研状况和研究主题，作者采取3种检验方式（成员检验法、三角检验法、同行报告法），对编码的建构效度、内部效度、外部效度进行了全面的检验。基于此，本研究通过收集多方资料、报告和文献，对已有材料进行认真分析，并对存疑或者无法统一意见的编码进行适当修改和删减，并邀请多位该研究领域的专家学者对编码和概念提炼之间的关联度进行评价，确保本研究编码与理论的契合度。

4.5.5 理论饱和检验

本研究通过对剩余5份访谈材料的重新编码分析，检验外派人员职业资本的内涵及其影响因素所涵盖的7个主范畴是否有增加新的重要概念或者关系，结果显示未发现新的范畴和联系。因此，可以认为本研究得出的各个范畴和编码结果达到了理论饱和。

4.6 本章小结

本研究基于扎根理论的分析方法对35位外派人员的访谈实录进行分析，探索了外派人员跨文化动机对职业资本的影响及其作用机制，明确了跨文化动机在自主性外派动机中的核心作用。本研究聚焦于无边界职业生涯的背景，从个人视角去探索企业外派经历在个人职业生涯中扮演的重要角色，根据三元交互理论，揭示了外派人员通过外派适应中的认知、行为和环境的交互作用实现职业资本的积累。

本研究的研究意义具体包括以下几点：

第一，本研究明确了在无边界职业生涯背景下，中国企业外派人员职业资本形成自主性外派动机的重要性，以及跨文化动机的核心作用。学者Yao（2014）认为进行外派的个人行为和组织实践受到文化驱动，职业资本的开发和应用受到外派人员所嵌入的文化背景的影响。在本研究中，不仅明确了跨文化动机的驱动作用，还强调了跨文化体验和学习动机对于积累外派职业资本的重要预测作用；对于社会学习理论，本研究进一步深化了外派动机是外派人员职业资本积累的动力来源。

第二，本研究发现外派适应的过程实质上是个人认知、行为和环境相互影响的过程，职业资本积累正是在这样的动态学习过程中完成的。这一研究结论与Jokinen（2008）研究中显示的结果一致，即外派作为一次重要的学习和职业发展机会，不仅能够提升职业胜任力水平，而且自我意识和未来职业兴趣也会发生了变化。因此，本研究在一定程度上从个人视角肯定了企业外派活动的重要性，而在企业外派过程中形成的职业资本，则是个人成长和职业发展的重要基础。

第三，本研究通过描绘中国企业外派人员职业资本的影响因素，拓展了职业资本的研究边界。不仅回应了学者们普遍强调的组织内外部的关系网络对外派人员职业资本具有重要影响的研究结果，还提出关系网络的互动质量也对职业资本产生正向影响，在一定程度上深化了企业外派人员的互动需求，即中国文化背景下的企业外派人员倾向于构建社会网络并充分发挥其作用，有助于完成个人在跨文化环境中的“再社会化”过程。

第四，从管理实践角度来看，市场国际化程度的加深意味着企业对具备跨文化能力的人才的需求只增不减。因此，为了减少和避免外派中断，甚至外派失败的现象发生，企业除了在外派前对外派人员进行跨文化培训，更应该主动了解个人的外派动机和需求，评估外派人员，制定合理的职业规划。在外派期间，企业也需要持续关注外派人员的心理状态，了解外派人员所面临的问题和困境，并为其提供必要的建议和指导，加强外派人员对组织的认同感和归属感。外派人员回任后，企业应当拓展以结果为导向的外派绩效评价方式，探索外派人员职业资本的评估方式，为外派人员回任和未来职业生涯发展奠定基础。可见，外派职业资本是个人职业生涯中的重要阶段，企业更应充分重视和理解自我导向的个人职业生涯管理，才更有可能将外派人员的个人职业资本转化为企业竞争力的一部分，推动企业的可持续发展。

本研究仍存在不足和一定的局限性。尽管本研究遵循扎根理论的方法进行了较为规范的质性研究，并通过概念分析和范畴归纳形成了相应的理论模型，但仍可能具有一定的主观性。同时，本研究对外派职业资本的内涵和影响因素进行了分析，但并未对其中的影响机制进行深入的阐释，子研究三将重点关注跨文化动机对职业资本影响的机制作用并进行相应的实证检验。

第 5 章

跨文化动机对职业资本的影响机制研究
——外派适应的中介作用

5.1 引言

面对日益复杂的全球化组织情境，具备多元文化思维和跨文化适应能力的个体是企业加快实现国际化的重要推动力量。已有研究表示国际外派人员的海外工作经历构成了独特的职业资本，越来越多的企业将其视为职业成功的关键，并作为评估国际人才全球竞争力的重要方式（Dickmann & Harris，2005a）。职业资本被认为是一个涵盖了员工在其职业道路上获得成功所需要的一系列能力的概念，其源起可以追溯到职业胜任力这一概念，与企业战略中企业文化、专业知识和网络等企业竞争能力内涵相似，个体的职业竞争力包含知识、技能和关系网络等要素（Defillippi & Arthur，1994a）。职业资本被视为“投资”职业竞争力的“股票”，通过“知道如何做”“知道为什么”和“知道是谁”三种认知方式为职业生涯增值（Mello et al.，2023a）。随着国际市场竞争越发激烈，职业资本并不是保持一成不变的，研究发现职业资本具有流动性和互动性的特征，三种认知形式在互动中表现出紧密的联系（Parker et al.，2009）。国际外派作为一种跨越地区和组织边界的国际活动，无论是何种形式的外派（自发式外派或者组织外派），都是一段重要的学习经历，能够帮助外派人员在未来职业发展中从事更具有挑战性的工作（Jokinen et al.，2008），这种跨文化体验通过不同“认知”方式的协同，增加个人成长和职业生涯所需职业资本的“流通价值”，提升在全球劳动力市场上的竞争力。

在企业国际化背景之下，许多中国企业选择“走出去”，在海外开拓国际市场进行经营管理，文化差异造成的“壁垒”对开展国际业务提出了严峻的挑战。对于外派个人而言，在跨文化环境中顺利适应生活和工作环境意味着更有可能产生积极的外派结果（Zhu et al., 2016a），因为外派中断和外派失败等现象，其中很重要的原因在于外派个体难以有效适应异国生活和工作环境，并产生一系列消极的认知和行为反应。为此，已有诸多学者对外派适应的重要性加以充分的研究（Black & Stephens, 1989; Black et al., 1991）。其中，多数学者从压力—应变视角强调了外派适应的重要性以及其前因和结果（Kraimer & Wayne, 2004; Takeuchi et al., 2007），部分研究从非压力视角关注外派人员绩效及其回任结果（Chen et al., 2010a），还有少数研究关注外派个体的跨文化体验对认知、元认知以及创新行为的影响（Maddux & Galinsky, 2009）。可以看出，以往研究成果大多基于压力视角对外派适应和相关外派结果变量进行大量探讨，毫无疑问，这有利于管理实践和学术界进一步了解跨文化情景中的个体行为规律，帮助提升外派管理的有效性。但是为了更全面地了解国际外派的有效性，选择非压力视角的观察也是非常必要的，比如考虑他们自主、积极追求国际任务目标和机会的动机（Chen et al., 2010a）。

事实上，研究发现那些工作效率更高、对工作本身更感兴趣的员工，更有可能积极参与与工作相关的活动，并为完成工作投入更多的精力和时间（Kanfer, 1990）。在国际外派实践和研究领域中，动机性要素引起了学者们的关注，跨文化动机是指文化智力中的动机性部分，是个人基于对跨文化的兴趣，将注意力和能量投入探索和了解跨文化情境的内在驱动力（Rockstuhl et al.，2011）。有研究发现跨文化动机较强的个体更容易在跨文化情景中产生动机效应，在多元文化情景主动学习并应对问题（Rockstuhl et al.，2011），还有学者指出高动机性文化智力的个体具有体验多元文化的内在动力，以激励个人进行跨文化知识和策略的共享，并采取相应措施有效地处理文化差异和冲突（林新月等，2019）。在企业外派实践活动的推动下，外派人员能够积极应对外派实践中的困难和挑战以达成外派目标，依赖于文化智力和多元文化人格双重属性及其内在的联系（Ang et al.，2006）。一方面，跨文化动机作为文化智力的一个维度，多用于描述个体状态的情境性差异及其能力、技能和行为的可塑性，能够积极预测外派适应和外派绩效等结果（Chen et al.，2010；Huff et al.，2014）。另一方面，多元文化人格能够描述更为广泛和稳定的个体特质，是选拔和分配国际外派职位时需要充分考虑的个体变量（Peltokorpi & Vesa，2008），具有较高水平多元文化人格特质的外派人员，跨文化适应能力更强（Peltokorpi & Vesa，2008；Wu & Bodigerel - Koehler，2013）。然而，目前较少有学者同时关注外派个体的动机属性和人格特质两种个体特征在跨文化情景中的预测作用。

无论是对跨国经营企业而言，还是对组织外派个体而言，外派经历都是独特且难以复制的经验和资本。从以往的外派研究来看，具有高水平跨文化动机的个人更倾向于积极主动地收集、处理和判断外部信息并采取相应措施以完成外派任务，为职业资本增值。这与持有无边界职业生涯态度的个体动机有相似之处，相比传统职业生涯而言，他们更加注重工作认同感、构建有效的关系网络以及不断寻求职业学习的机会（Defillippi & Arthur，1994a），但是目前却鲜有研究探讨跨文化动机和职业资本的关系，也并未充分分析多元文化人格特质的边界作用。基于此，本研究将基于社会认知理论探索中国跨国经营企业中外派人员跨文化动机对职业资本的影响机制，同时将多元文化人格纳入这一理论框架，检验其边界作用，最后对管理实践提出建议。

5.2 文献综述和研究假设

5.2.1 跨文化动机与职业资本

文化智力可以提高个人与自身文化以外的人的互动能力，被用于衡量在以文化多样性为特征的情况下有效运作的能力，其中动机性部分能够表明个人对于生活和工作在跨文化环境中，既包含对其他文化的内在兴趣，也包括应对和适应新文化的信念（Earley & Ang，2003；Ang et al.，2007）。在以往的研究中，西方学者根据特质激活理论发现，具备高水平跨文化动机的个体能够主动地、持续地适应国际任务，更愿意调动自身资源克服挑战和阻碍，并显著提升外派有效性（Tett & Burnett，2003；Chen et al.，2010）。在中国学者的研究中，则运用“推拉（Push – Pull）理论”来解释跨文化动机，其中，“推力”源于个体缺乏有效的工作技能，职业生涯发展机遇较为有限，面临企业内部激烈的人才竞争，以及受到外部国际化人才的冲击等；“拉力”则源于个人在职业生涯不断突破的强烈意愿，东道国社会、文化和经济发展程度，优渥的薪酬福利，对跨文化环境的好奇和对跨文化能力获取的渴望（刘俊振，2008）。此外，有学者提出“情景就绪”（Situational Readiness）也是跨文化动机之一，即外派人员内心是否已经准备好开展外派相关的活动，以及现实生活是否有条件支持他/她完成外派任务（例如家人对外派人员选择外派的态度，或者重要家庭成员是否支持他长期在海外执行外派任务等（Dickmann et al.，2022）。由于国际外派任务需要特殊知识或者技能，外派人员通常对跨文化学习机会、行动自主性、工作意义感和个人成长等十分重视（Järlström et al.，2020），这也为完成国际外派任务提供了重要的心理前提。

已有研究将全球经济市场中知识型员工获取知识的过程描述为能够产生额外收益的投资的活动，有助于在特定职业领域积累可交易资本（Harris，2001）。事实上，无论是出于对个人成长的需求，还是对突破职业天花板的渴望，传统职业生涯的线性发展路径缺乏一定灵活性，很难满足知识经济时代中知识型员工对于职业发展的追求。因此，越来越多的知识型员工倾向于支持无边界职业生涯，为获得个人成长和职业成功，在跨越国家和组织边界中不断迭代职业资本（Järlström et al.，2020）。“知道如何做”是指了解如何展现与工作相关的技能、知识和能力；“知道为什么”是指了解与个人身份相关的职业选择和职业动机；“知道是谁”是指了解组织内外部的社会关系以及相关职业网络（Defillippi & Arthur，1994b；Inkson & Arthur，2001；Dickmann & Harris，2005b）。基于此，本研究认为国际外派是一项以组织任务为导向的工作经历，同时也是一种跨文化体验，是外派人员职业生涯中无法复制的投资活动，具有动机性文化智力的外派个体能够在三种职业资本上均有显著的积累。也就是说，外派人员远赴海外执行任务的信念一旦形成，外派全程都会在个人成长和职业发展双重驱动力下展开，并通过体验、学习和运用所需资源，实现三种形式职业资本积累和增值的结果。因此，本研究提出以下假设：

假设 H1a：外派人员的跨文化动机对“知道如何做”具有正向影响；

假设 H1b：外派人员的跨文化动机对“知道为什么”具有正向影响；

假设 H1c：外派人员的跨文化动机对“知道是谁”具有正向影响。

5.2.2 外派人员外派适应的中介作用

尽管中国跨国经营企业的外派人数居高不下，但是产生外派早退意向、外派中断甚至失败的现象仍然存在，这不仅会引起外派人员职业失败的风险，还可能损害组织的声誉和形象（Mahajan & Toh，2014）。其中一项重要原因在于个体的外派适应不佳，换言之，外派人员更倾向于运用已有认知和行为模式处理新文化环境中的问题，但这并不利于他们融入新环境、与同事合作以及顺利完成外派任务（Pustovit，2020）。外派适应（Expatriate Adjustment）主要是指个人在跨文化环境中的心理适应和社会文化适应状况。结合国内外学者的研究可知：心理适应是指外派人员在跨文化环境下的满意度和幸福感；社会文化适应是指外派人员对于在东道国生活、工作和互动交往的内心舒适程度。相关研究也证实了诸如语言能力、工作技能、自我效能感、角色定位、配偶适应等变量是预测外派适应程度的重要前因（Bhaskar－Shrinivas et al.，2005）。可以看出，外派适应考察了个体在应对新的国家文化环境和新的工作场景时心态调整和角色转变的能力。

自我决定理论假设个体作为能动的有机体，为了满足基本心理需要，具有先天追求个人成长和发展的倾向性（Deci et al.，n. d.），外派人员对于前往海外执行国际任务的跨文化信念，能够促进他们在新环境中主动学习和适应新环境的行为倾向。与新员工早期适应组织文化和价值观的社会化过程相似，外派人员脱离了母国组织和母国文化，投身到海外环境中，在新的工作场景中理解新文化和新价值观（Lee et al.，2013），这一过程能够有效降低工作中的不确定性，有利于达到适应的状态（Gong & Fan，2006；Zhu et al.，2016b），对外派绩效也会产生重要影响（Ang et al.，2007）。在跨文化环境中社会化程度越高的外派人员，完成外派任务的意愿越强（Feldman & Bolino，1999）。这与以往从压力视角出发的研究不同，更加强调驱动个体在跨文化情景中主动采取社会化策略的动机因素，即对跨文化情景产生兴趣的个体更容易主动调整行为，积极适应周围环境（Chen et al.，2010b）。因此，本研究采取社会学习理论的视角，认为外派适应过程本质上是重塑认知和学习的“新旧文化”整合过程，即具有较强跨文化动机的外派个体在东道国执行外派任务时，更有可能积极、主动参与当地生活和互动交往，更容易在跨文化环境中产生舒服和自在的感受。据此，本研究提出以下假设：

假设 H2：外派人员的跨文化动机对外派适应具有正向影响。

无边界职业生涯理论和多变职业生涯理论为外派活动在全球内的高密度工作提供了解释，强调个体以自身职业生涯为中心进行自我管理（Baruch & Sullivan，2022），以及评估个人价值观、目标和心理满足在职业成功中的重要性（Mello et al.，2023b）。国际外派作为知识型员工全球流动的重要方式，提供了自我反思、学习和发展的机会，并对其职业发展产生广泛的影响（Dickmann & Doherty，2008）。其中，持有无边界职业生涯态度的个体可能更容易产生在海外开展职业活动的意愿。国际外派作为形成全球化思维是最重要的经验之一，能够促进外派人员对其他商业环境、文化、社会以及全球业务的更广泛的理解。首先，外派人员需要不断更新思考和行为模式从而适应跨文化环境，这一过程中积累了个体在跨文化情境下工作必要的显性和隐性知识，即“知道如何做”；其次，外派人员在异国的社会网络不完善，需要来自东道国和母国组织支持、社会支持以及家庭支持，并逐步构建职业和生活所需的关系网络，即“知道是谁”；最后，外派人员在海外执行任务期间随着跨文化体验的加深，对职业全球市场前景的评估以及对未来职业决策的理解随之增加，即“知道为什么”。外派适应是被纳入国际背景的社会化，其本质是外派人员受到自我兴趣和工作动机的驱动，为职业生涯发展积累大量嵌入式职业资本，降低文化冲突和跨文化压力带来的一系列消极影响，从而提高外派效率，实现在跨文化环境中获取有效的显性和隐性职业知识、不断重塑认知和行为方式、建立有效的社会关系和网络三种形式职业资本的增值。综合上述分析，本研究提出以下假设：

假设H3a：外派人员的外派适应在跨文化动机和职业资本之间存在中介作用，即跨文化动机通过提升个人的外派适应能力，从而增加外派人员“知道如何做”；

假设H3b：外派人员的外派适应在跨文化动机和职业资本之间存在中介作用，即跨文化动机通过提升个人的外派适应能力，而增加外派人员“知道为什么”；

假设H3c：外派人员的外派适应在跨文化动机和职业资本之间存在中介作用，即跨文化动机通过提升个人的外派适应能力，而增加外派人员“知道是谁”。

5.2.3 外派人员开放性多元文化人格的调节作用

随着多元文化概念逐渐深入人心，心理学研究中相应的人格部分也经历了发展。在跨文化研究领域中，多元文化人格问卷（Multicultural Personality，MPQ）作为一种影响跨文化适应人格特质的多维度构念，是相对于大五人格而言，针对跨文化情景开发以衡量多元文化有效性的人格测量工具（Van Der Zee & Van Oudenhoven，2001）。MPQ 包括文化同理心、开放性、情绪稳定性、灵活性和社交主动性五个维度，开放性（Openness）作为一种多元文化人格特质，指的是为了避免出现偏见，个人对待不同文化背景的群体及其社会规范、风俗习惯和价值观等社会文化的观念开放程度（严文华，2009；Arthur & Bennett，1995）。根据人格特质理论，这种思想和心态上的开放性对于预测外派人员的认知行为过程有重要影响，尤其是在个人、特定文化情景和行为交互作用之下，开放性的多元文化人格在外派人员克服跨文化困境、缓解文化冲突带来的压力，以及尽快达到外派适应状态的过程中发挥了积极的作用。其中，开放性程度越高的外派人员，越容易与东道主建立沟通与联系，感受到的压力和焦虑就越小；反之，可能会错失沟通交流的机会，独自承受压力。

以往研究发现开放性程度越高的外派人员，思想和态度的包容性越强，不容易对陌生的文化情景产生抵触情绪或者被潜在的偏见左右（Richardson et al.，2018）。此外，根据三元交互理论，外派适应的过程除了重塑和培养个人跨文化的认知和行为外，个人的认知和行为也会一定程度地改变外部环境，尤其是当特定文化情景的潜在文化规范造成了文化冲突时，可能会限制个人的跨文化适应进程。如果外派人员具有较高开放性人格，说明他/她更能够尊重异国文化，也更容易意识到跨文化环境中的文化差异现象不可避免，应当对多元文化持有求同存异的开放思想，从而在心理上达到平衡和舒适的状态。可以看出，开放性程度较高的外派人员在认知、情绪、态度和行为方面都可能有更为积极的表现，动机效应也会相应增强。尤其在和特定文化情境中的潜在文化规范产生文化冲突时，开放性程度较高的外派人员更容易促进个人认知、特定文化情景和行为产生交互作用，重塑和培养个人跨文化的认知和行为。因此，本研究认为多元文化人格能够在跨文化动机和外派适应之间起到积极的调节作用，并进一步促进职业资本的积累。因此，本研究提出以下假设：

假设 H4a：跨文化动机和外派适应的关系在开放性人格的调节作用下，对“知道如何做”产生正向显著的影响；

假设 H4b：跨文化动机和外派适应的关系在开放性人格的调节作用下，对“知道为什么”产生正向显著的影响；

假设 H4c：跨文化动机和外派适应的关系在开放性人格的调节作用下，对“知道是谁”产生正向显著的影响；

5.3 研究设计和研究方法

5.3.1 问卷设计

本研究的初始调查问卷包含两个部分：第一部分为人口统计学信息，包括性别、年龄、教育水平、外派次数 4 个题项；第二部分为跨文化动机、外派适应、职业资本和开放性人格 5 个核心变量，共 50 个题项。

本研究采用调查问卷的方法，联系了多家具有外派制度的企业以便获得外派人员的数据，其中，参与调查问卷填写的企业外派人员分布在世界多个国家和地区，主要包括美国、加拿大、巴西、澳大利亚、日本、沙特阿拉伯、韩国、印度、印度尼西亚、英国、德国、捷克、荷兰、马耳他、俄罗斯、加纳、赞比亚、安哥拉、亚太地区、莫桑比克、菲律宾等。被试者所在的企业广泛涉及建筑业、采矿业、制造业、通信业、互联网行业、进出口行业、医疗服务行业、教育培训行业、金融服务行业、物流行业等。

本次调研是基于“问卷星”线上问卷的形式开展的，样本选择与抽样的目标是为了收集验证研究假设的变量，并尽可能确保测量的准确程度。因此，为了保证问卷中变量的适用性以及问卷测试的准确性，本研究先将初始问卷发放给 140 位被试者进行小样本的测试，再根据测试结果和被试者的反馈，对问卷中部分题项的语法和表述方式进行了调整，同时重新对问卷的排版进行了整理。此外，由于在预测试阶段，每份问卷的填答时间基本都在 7—12 分钟，最短时间不会低于 5 分钟，研究人员则通过“筛选”功能，将填答时间低于 300 秒的问卷归为无效问卷并剔除。

5.3.2 样本特征

本次调研发放问卷共 790 份，其中预测试问卷 140 份，正式问卷 650 份，且实际回收正式问卷 650 份，剔除无效问卷之后得到有效问卷 482 份，问卷填写的基本情况如表 5.1 所示。

表5.1　　被试者基本信息统计

项目	类别	人数	比重
性别	男	199	41.3%
	女	283	58.7%
年龄	20岁以下	26	5.4%
	21—25周岁	76	15.8%
	26—30周岁	68	14.1%
	31—35周岁	89	18.5%
	36—40周岁	74	15.3%
	41—45周岁	38	7.9%
	46—49周岁	54	11.2%
	50周岁及以上	57	11.8%
教育水平	本科以下	156	32.4%
	本科	192	39.8%
	硕士研究生	68	14.1%
	博士研究生	66	13.7%
累计外派次数	1次	91	18.9%
	2次	131	27.2%
	3次	80	16.6%
	4次	81	16.8%
	5次及以上	99	20.5%

5.3.3　变量的选择和测量

本研究选取了四个在管理心理学研究中被广泛使用的量表，以测量研究假设中的构念，并通过以下几种方式，保证了问卷的信度和效度。一方面，本研究所选取的量表均为国内外主流期刊验证过的成熟量表，部分英文量表的翻译工作用了翻译—回译的标准程序，根据三名同行专家的建议，修订了问卷的翻译内容，最大限度地避免语义模糊不清或者有歧义的句式和表达。另一方面，为了减轻被试者在阅读问卷过程产生的困惑和疲劳，本研究的所有量表均采用 Likert 5 点量表计分：1 表示“非常不同意（符合）”，2 表示“不同意（符合）”，3 表示“不确定”，4 表示“同意（符合）”，5 表示“非常同意（符合）”。

跨文化动机的测量主要采用 Ang 等（2007）开发的文化智力量表（CQS）的跨文化动机部分，该量表是一个多维度量表，包含 4 个维度，本研究选取其中测量动机性文化智力的 5 个题项。条目包括“喜欢与当地人交往”“有信心与当地人交往”“有信心克服新文化适应的压力”“喜欢生活在不熟悉的文化中”“有信心适应当地的购物环境”。该量表已被国内外学者在多个国家和不同时间阶段进行了验证，因此，具有良好的信度和效度。在本研究中，该量表的内部一致性系数（Cronbach’s alpha）为 0.936。

职业资本的测量主要采用 Jokinen（2008）开发的职业资本测量量表，用于测量职业生涯道路上所需的个人能力和资源的总和，是一个包含“知道如何做”“知道为什么”“知道是谁”的多维度构念。该量表条目包括“寻找职业发展中持续性学习的机会”“持续跟进职业发展趋势”“能让他人理解跨文化环境”“有效领导和参与跨文化团队”“认清自己的优缺点、需求和动机”“认可自己的价值观和信仰”“渴望对工作任务有更深层次的了解”“能够广泛地联系资源和活动”等23个题项。该量表已在国内外研究中被证明有良好的信度和效度，在本研究中，该量表中的内部一致性系数分别为0.896（知道如何做）、0.930（知道为什么）、0.904（知道是谁）。

外派适应的测量主要采用Black（1989）开发的外派适应测量量表，主要对外派人员在东道国的一般适应、工作适应和互动适应三个维度进行测量，评估外派过程中外派人员在各个方面的适应程度。该量表条目包括“总体生活条件”“食物”“娱乐/消遣的设施和机会”“医疗设施”“与当地居民的交往”“与当地居民工作以外的沟通”“具体的工作职责”“绩效标准和组织期望”等14个题项。该量表已在国内外研究中被证明有良好的信度和效度，在本研究中，该量表的内部一致性系数为0.969。

开放性人格的测量主要采用Van（2013）开发的多元文化人格量表中的开放性人格部分，共8个题项。该量表条目包括“容易开启一段新生活”“喜欢设想解决方案”“感受不同文化的合理性”“拥有广泛的兴趣爱好”等8个题项。该量表已在国内外研究中被证明有良好的信度和效度，在本研究中，该量表的内部一致性系数为0.960。

除此之外，本研究选取了性别（男性和女性）、年龄（5个阶段）、教育水平（5个阶段）、外派次数（5个阶段），总共4个分类变量作为控制变量。

5.4 数据分析

5.4.1 信度检验

信度检验是通过采用同一方法对研究对象进行重复测量而得到结果的一致性程度，测量变量是否具有稳定性和可靠性的分析方法。本研究使用 SPSS 22.0 统计软件对各个变量的内部一致性系数进行检验，量表的信度系数一般大于 0.8，0.7—0.8 表示可以接受，如果低于 0.6 则认为该量表的选取不合理，需要考虑重新编写问卷。在本研究中，各个变量的内部一致性系数均大于0.9，表明本研究所用的所有量表具有良好的信度。

5.4.2 验证性因子检验

在信度检验研究变量的测量误差之后，效度检验能够进一步反应测量指标对测量内容检验理论假设的准确性，所以本研究将运用结构效度检验以评价变量的测量质量。由于本研究选取的量表均为被国内外学者多次验证过的成熟量表，具有良好的结构效度和内容效度，因此，本研究将采用验证性因子分析方法，为研究假设的理论模型提供拟合指标，进一步检验问卷的结构效度。

进行验证性因子分析是试图检验观测变量的因子个数和因子载荷是否与理论预期一致。具体而言，其重要目的是在控制测量误差的前提下，测量因子与量表题项间的对应关系与研究提出预测关系的一致性程度，即观测数据与研究假设提出的理论模型之间的拟合程度（Model Fit）。因此，本研究将运用结构方程模型软件 Mplus 8 来计算和分析问卷各变量之间的区分效度。

本研究采用 Mplus 8 进行验证性因子分析，以确保各个变量之间具有良好的区分效度。通过对表 5.2 中五个模型的拟合指数进行比较，本研究中包含的跨文化动机、开放性人格、外派适应和职业资本的三个维度、六个因子之间具有良好的区分效度。

表 5.2　　　　模型的区分效度检验

模型	χ^2/df	RMSEA	SRMR	TLI	CFI
6 因子模型 CCM，MPQO，EA，KH，KY，KM	3.94	0.078	0.058	0.849	0.857
5 因子模型 CCM + MPQO，EA，KH，KY，KM	5.42	0.096	0.095	0.773	0.784
4 因子模型 CCM + MPQO + EA，KH，KY，KM	6.57	0.108	0.078	0.714	0.727
3 因子模型 CCM + MPQO + EA + KH，KY，KM	6.27	0.105	0.095	0.729	0.741
2 因子模型 CCM + MPQO + EA + KH + KY，KM	7.41	0.115	0.077	0.671	0.685
1 因子模型 CCM + MPQO + EA + KH + KY + KM	7.70	0.118	0.079	0.656	0.670

5.4.3 变量描述性统计分析

本研究使用 SPSS 25.0 对数据进行了描述性统计分析，其中涉及自变量、因变量、中介变量和调节变量的均值、标准差和相关系数，如表 5.3 所示，性别、年龄、教育水平、外派次数作为控制变量。从表中可以看出：a. 外派人员的跨文化动机和“知道如何做”（$r = 0.6$，$p < 0.01$）、“知道为什么”（$r = 0.73$，$p < 0.01$）、“知道是谁”（$r = 0.617$，$p < 0.01$）呈显著正向关系；b. 外派人员的跨文化动机和外派适应（$r = 0.754$，$p < 0.01$）呈显著正向关系；c. 外派人员的跨文化动机和开放性人格（$r = 0.553$，$p < 0.01$）呈显著正向关系；d. 外派适应和“知道如何做”（$r = 0.686$，$p < 0.01$）“知道为什么”（$r = 0.841$，$p < 0.01$）“知道是谁”（$r = 0.712$，$p < 0.01$）呈显著正向关系。因此，变量之间的相关性分析结果初步为本研究的模型假设提供了支持。

5.4.4 假设检验

（1）主效应检验

主效应检验主要涉及研究假设 H1a、H1b、H1c 和假设 H2，本研究主要采用层次回归的分析方法进行检验，从表 5.4 的模型回归结果来看：在模型 1 中，跨文化动机显著正向影响外派适应（$\beta = 0.604$，$p < 0.001$），支持研究假设 H2；在模型 2 中，跨文化动机显著正向影响“知道如何做”（$\beta = 0.561$，$p < 0.001$），支持研究假设 H1a；在模型 3 中，跨文化动机显著正

表 5.3　　变量相关性分析

序号	变量	1	2	3	4	5	6	7	8	9	10
1	性别	1									
2	年龄	0.083	1								
3	教育	−0.057	0.038	1							
4	次数	0.219**	0.271**	0.045	1						
5	跨文化动机	−0.231**	−0.155**	0.061	−0.271**	1					
6	外派适应	−0.314**	−0.214**	0.045	0.301**	0.754**	1				
7	知道如何做	−0.220**	−0.104**	0.005	−0.247**	0.600**	0.686**	1			
8	知道为什么	−0.303**	−0.137**	0.066	−0.302**	0.730**	0.841**	0.695**	1		
9	知道是谁	−0.228**	−0.235**	0.033	−0.278**	0.617**	0.712**	0.567**	0.687**	1	
10	开放性人格	−0.280**	−0.199**	0.002	−0.233**	0.553**	0.645**	0.629**	0.633**	0.577**	1

注：** 在 0.01 级别（双尾），相关性显著。* 在 0.05 级别（双尾），相关性显著。

向影响“知道为什么”（$\beta=0.112$，$p<0.05$），支持假设 H1b；在模型 4 中，跨文化动机显著正向影响“知道是谁”（$\beta=0.423$，$p<0.001$），支持研究假设 H1c。

表 5.4　　　　主效应检验

预测变量	外派适应	知道如何做	知道为什么	知道是谁
	M1	M2	M3	M4
性别	−0.287***	−0.138**	−0.257***	−0.164*
年龄	−0.040*	0.005	0.001	−0.066***
教育水平	0.001	−0.026	0.020	0.003
外派次数	−0.047**	−0.051**	−0.069***	−0.063**
跨文化动机	0.619***	0.434***	0.587***	0.535***
F	143.741***	56.914***	120.859***	66.914***
R^2adj	0.597	0.368	0.555	0.407

注：*** 表示在 0.01 级别（双尾），相关性显著。** 表示在 0.05 级别（双尾），相关性显著。* 表示在 0.1 级别（双尾），相关性显著。

（2）中介效应检验

本研究运用 SPSS 26.0 软件，结合 Hayes（2013）开发的 process 程序来更准确地检验变量之间的间接效应，对假设 H3a、H3b、H3c 进行了检验。样本量选择 5000，并设置 95% 的置信区间，在对性别、年龄、教育水平、外派次数 4 个变量进行控制之后，由表 5.5 可以看出，三个间接中介效应结果显著。首先，跨文化动机通过外派适应影响“知道如何做”，即外派适应的中介效应显著，假设 H3a 成立（CCM > EA > KW）；其次，跨文化动机通过外派适应影响“知道为什么”，即外派适应的中介效应显著，假设 H3b 成立（CCM > EA > KH）；最后，跨文化动机通过外派适应影响“知道是谁”，即外派适应的中介效应显著，假设 H3c 成立（CCM > EA > KY）。

表 5.5　　Bootstrap 方法估计的中介效应分析结果

路径类别	间接效应	标准误	95%置信区间		是否成立
			下限	上限	
CCM > EA > KH	0.2888	0.0335	0.2232	0.3541	成立
CCM > EA > KY	0.3996	0.0319	0.3887	0.4631	成立
CCM > EA > KO	0.3608	0.0399	0.2843	0.4405	成立

注：CCM 表示跨文化动机，EA 表示外派适应，KH 表示知道如何做，KY 表示知道为什么，KO 表示知道是谁。

（3）调节效应检验

有中介的调节（Mediated Moderation）效应是指调节效应通过中介变量影响因变量（Baron & Kenny），而有调节的中介效应（Moderated Mediation）是指第三个变量使得中介效应具有大小或者方向上的差异（James & Brett，1984）。本研究运用 process 程序进一步检验理论模型中的调节效应，即多元文化人格的调节作用，模型估计的标准化路径系数如图 5.1 所示。

在模型第一阶段受到调节作用的情况下，需要通过检验交互项和中介变量之间的路径系数乘积的显著性来判断对有调节的中介效应是否显著（高天茹等，2019）。从模型估计结果来看，多元文化人格与跨文化动机的交互项对外派适应的影响路径（c）显著（$\beta = 0.218$，$p < 0.01$），支持假设 H4，说明多元文化人格显著调节了跨文化动机和外派适应之间的关系。同

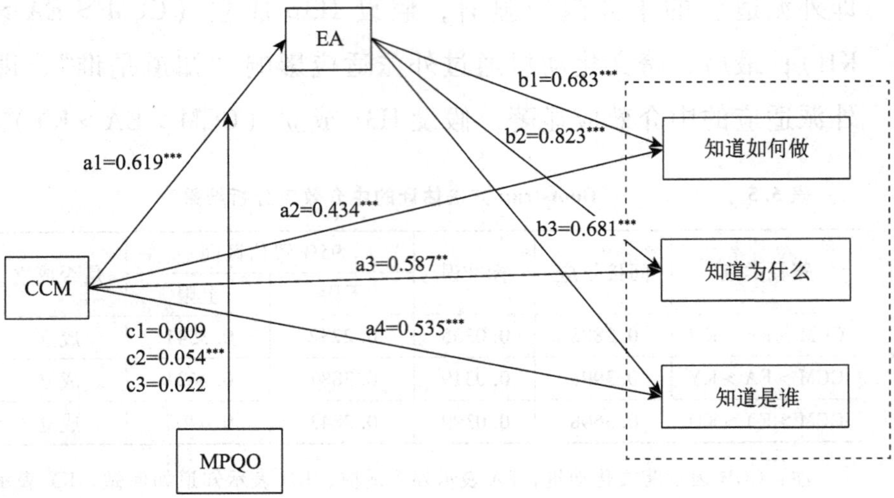

图 5.1　模型估计结果

注：$N=428$，*** 表示 $p<0.01$，* 表示 $p<0.5$。

时，通过简单斜率分析（Simple Slope Test）绘制了调节效应分析图，如图 5.2 所示。

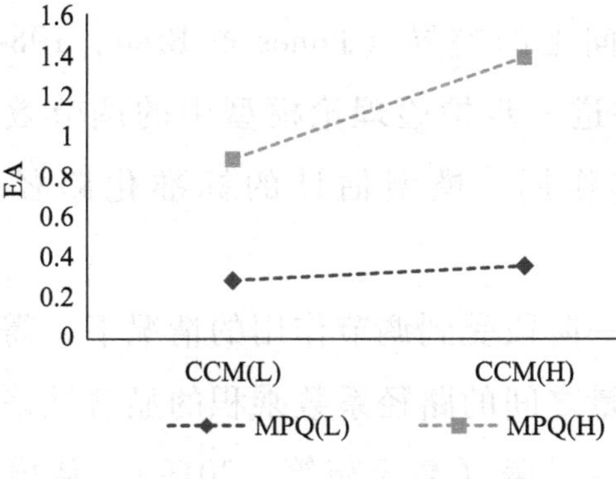

图 5.2　简单斜率分析

结合表 5.6 所示，当多元文化人格水平较低时（Mean - SD），多元文化人格的调节效应值分别为 -0.288、-0.057 和

-0.041，95%的置信区间包含0，调节效应均不显著；当多元文化人格水平较高时（Mean + SD），多元文化人格的调节效应值为0.0622（$p < 0.01$）、0.122（$p < 0.01$）和0.089（$p < 0.01$），95%的置信区间均不包含0，调节效应显著，因此，外派人员的多元文化人格在较高水平时，程度越高越能够加强跨文化动机对外派适应的正向影响，从而进一步增强了外派适应在跨文化动机和职业资本之间的中介作用，因此，假设H4成立。

表5.6　　调节效应分析结果

调节变量	间接效应	95%置信区间	
路径：跨文化动机—外派适应—知道如何做			
		下限	上限
低多元文化人格（-1SD）	-0.288	-0.082	0.010
高多元文化人格（+1SD）	0.0622***	0.007	0.127
路径：跨文化动机—外派适应—知道为什么			
调节变量	间接效应	95%置信区间	
		下限	上限
低多元文化人格（-1SD）	-0.057	-0.149	0.022
高多元文化人格（+1SD）	0.122***	0.020	0.241
路径：跨文化动机—外派适应—知道是谁			
调节变量	间接效应	95%置信区间	
		下限	上限
低多元文化人格（-1SD）	-0.041	-0.107	0.020
高多元文化人格（+1SD）	0.089***	0.016	0.172

注：*** 表示在0.01水平（双侧）上显著相关。

5.5 研究结论

本研究中，研究对象的基本信息在表 5.1 中展示，所有变量之间的关系系数和显著性水平在表 5.2 中展示，跨文化动机、外派适应、“知道如何做”、“知道为什么”、“知道是谁”和多元文化人格 6 个变量，两两变量之间都存在正向显著的关系。表 5.3 展示了层次回归分析结果，即跨文化动机显著正向影响了外派适应（$\beta = 0.604$，$p < 0.001$）、KW（$\beta = 0.561$，$p < 0.001$）、KH（$\beta = 0.112$，$p < 0.05$）和 KY（$\beta = 0.423$，$p < 0.001$）。

表 5.4 中展示了外派适应的间接中介效应均为显著，在 95% 置信区间内大于 0，且上下限不包含 0。图 5.1 展示了多元文化人格的正向显著调节作用，图 5.2 通过简单斜率分析绘制了不同水平下多元文化人格的调节效应，表 5.5 进一步明确了多元文化人格在低水平时，与跨文化动机的交互作用不显著，且并未显著调节外派适应作为中介对职业资本的影响，但是当多元文化人格在高水平时，与跨文化动机的交互作用显著正向影响了外派适应和职业资本。

5.6 本章小结

本研究考察了外派人员的跨文化动机对职业资本的影响，即跨文化动机越强，个人能够获得的职业资本越多，并且我们发现外派人员通过在跨文化环境中达到外派适应的状态，从而实现职业资本积累的目标。当个体面临国际外派任务时，他/她对于海外生活和工作往往会产生天然的好奇心和向往，这一内在驱动力会影响其在面临文化差异时的心理调节状态，并通过不同水平的心理舒适度进一步影响三种形式职业资本的积累。由于动机涉及调动个人资源（例如技能、时间、注意力）去选择和实现与相关目标的过程，所以相较于实际能力，本研究侧重于关注动机理论，并沿用了跨文化动机（文化智力的动机部分）这一表述。通过这一发现，我们的研究强调了集中（并保持）精力完成某项任务（或实现目标）的心理能力，即跨文化动机在国际外派活动中的重要性（Jurásek & Wawrosz，2023），及其对个体职业发展可能产生的积极影响。

具体而言，借鉴特质激活理论，某种特质或者动机属性在特定情境中通过转化表现出不同的工作行为，影响外派适应的程度和外派绩效（Chen et al.，2010），在以往研究中，学者发现外派适应是比跨文化动机距离绩效表现更近端的影响因素（Bhaskar - Shrinivas et al.，2005；Ang et al.，2007；Wang & Takeuchi，2007），本研究在探索跨文化动机的积极效应方面，与现有研究结论保持了一致。除了对组织的影响，跨文化经历对职业发展的重要性日益增长，特别是探索在无边界职业生涯时代中跨文化动机的预测结果，拓展了职业建构理论在外派领域的应用（Savikkas，2013）。在职业发展研究中，已有学者发现适应不断变化的条件能够促进个人的职业发展并增强职业适应性资源，最终以实现职业适应、职业成功等积极的职业成果（Peeters et al.，2022）。在本研究中，外派人员在跨文化环境中的外派适应发挥着关键适应性资源的功能，而职业资本作为职业成果的体现之一，其增长与否和个体的外派适应程度密切相关。

此外，本研究还验证了多元文化人格对外派适应和职业资本积累的促进作用，有助于理解外派人员追求跨文化挑战发挥的自我效能感和内在驱动力（Ang et al.，2007）。当外派人员的多元文化人格处于较高水平时，与跨文化动机的交互作用会对外派适应产生积极影响，从而促进职业资本的增加，而处于低水平的多元文化人格并未产生显著的调节作用。这一发现不仅验证了多元文化人格在外派动机和跨文化适应关系中的显著作用，也进一步说明了积极的人格因素在跨文化环境中发挥着的重要作用。事实上，现有关于人格特征和文化智力对跨文化适应的影响研究并未得到一致的结论（Ang et al.，2007），有研究发现相较于人格特质（大五人格），文化智力更能够解释不同类型的外派适应（Huff et al.，2014），但是并未有研究进一步探索多元文化人格特质的影响。基于此，我们的研究检验了跨文化动机和多元文化人格交互作用对外派适应的影响，以及不同水平的多元文化人格对外派适应程度和职业资本的影响差异。

此外，本研究还有以下三点管理启示：

首先，多元文化的人格特质是全球舞台上的宝贵资产，组织应当注重培养外派人员的多元文化人格，并积极鼓励这些特质的发展。培养多元文化的人格特质，可以使个人成功地驾驭不同的国际环境，如对新体验的开放态度、在新环境中的灵活性以及文化同理心等，拥有这些特质的员工更能适应、理解和接受不同的文化规范。国际人力资源管理过程中的选拔和培训设计有必要加强对多元文化特质的考察和培养。一方面，使员工能够接受不同的文化，弥合差距，促进组织内部的包容和理解，从而形成和谐协作的工作环境；另一方面，组织可以创造一支能够有效地进行跨文化协作的员工队伍，促进国际伙伴关系和商业机会。

其次，外派人员在海外环境面临的挑战是独特和前所未有的，组织需要针对文化差异定制个人培训计划。特别是从根深蒂固的传统社会（如中国）过渡到西方文化时，外派人员在国际任务中难免遇到巨大文化差异甚至文化冲突，个人培训计划不仅能让个人对文化差异有所认知，还能帮助其掌握有效的管理心理压力应对机制。从而使外派人员更有效地适应海外生活和工作环境，并最大限度地减少与跨文化过渡相关的挑战，积极应对这些挑战的同时，外派员工的幸福感、工作满意度和工作积极性也将有所提升。此外，个人培训计划有助于让外派人员获得支持感，促进组织承诺感，增强外派人员的角色意识以树立自信心，从而提高他们的整体表现。

最后，评估外派人员的动机和人格特质有利于国际人才开发和培养，组织应当持续完善外派人员的选拔机制。作为代表组织竞争力的国际战略性人才，外派人员的选拔应当向战略性人才选拔看齐，组织在选择候选人时不仅要考虑他们的技能，还要考虑他们在不同文化环境中茁壮成长的潜力，为组织未来的竞争力蓄势。此外，一个重视个体差异的工作场所会促进创造力、协作和创新，为组织的全球竞争力作出重大贡献。因此，组织还应当创造支持性的工作环境，在充分发挥外派人员优势特质的同时，积极鼓励公开对话、师徒帮扶、组织支持等。这种方法不仅能吸引顶尖人才，还能确保多元化和包容性员工队伍的保留和发展，并促进外派人员利用他们的多元文化个性特征来促进职业发展。

总之，培养多元文化的人格特质、实施量身定制的培训计划、完善人才选拔流程是组织最大化其外籍员工潜力的必要步骤。通过解决外派人员面临的心理和文化挑战，公司为个人和职业发展创造了有利的环境，从而提高了全球竞争力和可持续的成功。

第 6 章

讨　论

本研究通过对外派人员的外派动机和职业资本的理论分析和实证研究，对外派动机及其形成机理进行深入的分析，并对跨文化动机和职业资本的正向显著关系及其内在机理进行了一系列的研究和探讨。

本研究共包括三个子研究。子研究一，针对外派人员的外派动机进行探究，结合自我决定理论，按照自主性程度的不同，对外派动机因素进行划分。研究采用了深度访谈的数据收集方法，采集了27名外派人员的访谈实录，结合扎根理论研究方法探索外派动机的形成机理并构建相应理论模型。子研究二，提出跨文化动机之于外派人员职业资本的重要性，并通过挖掘职业资本的外部影响因素，探讨了跨文化动机对职业资本的影响。该研究运用扎根理论的研究方法，在子研究一基础上增加8名受访者，共对35名多个行业不同职位的外派人员进行了半结构化的深度访谈，构建出跨文化动机对职业资本的影响模型，重点考察和分析了跨文化动机对职业资本的影响以及外派适应的内在机制。子研究三在研究二的基础上，综合文献回顾，提出外派人员的跨文化动机对职业资本的影响及其作用机制的研究假设，通过428名外派人员的调查问卷数据，检验并分析了研究假设，研究结果证实了职业自我效能感对于跨文化动机和职业资本的正向中介效果、外派适应对于跨文化动机和职业资本的中介效果，以及职业自我效能感和外派适应对于跨文化动机和职业资本的链式中介效应；同时，研究还检验了开放性多元文化人格对外派动机和外派适应关系的调节作用。

6.1 理论贡献

首先，相较于国外学者，国内学者开展外派研究较晚，已有研究大多数围绕着外派适应和外派结果展开（刘俊振，2008；刘新荣，2008；叶晓倩，2010），而对于外派动机的相关研究却十分有限（Harrison，1996；Tett & Burnett，2003；Ang et al.，2008）。本研究的三个子研究对外派动机进行了深入的研究，丰富了国际外派研究领域，尤其是以任务为导向的企业外派研究内容，在学者 Baruch 等（2016）的基础上，进一步结合了企业外派研究与职业生涯领域的研究，并提供理论和实践依据。

其次，本研究以需要层次理论、ERG 理论和自我决定理论为指导，构建了外派动机因素及其形成机理的形式化理论框架，是对已有需要理论和动机理论的回应和拓展。根据个人外部调节、内摄调节、认同调节和整合调节的不同自主性水平，明确了外派动机的内涵和具体因素。例如，在以往研究中显示自发性外派人员的主要动机是渴望寻找一段国际经历（Inkson et al.，1997；Suutari & Brewster，2000；Richardson & Mallon，2005；Froese，2012），在本研究中，不仅发现这种跨文化“渴望”同样适用于企业外派人员，即企业外派人员具备探索国际环境的动机，而且进一步明确了跨文化动机作为自主性水平最高的内在调节动机之一，在诸多外派动机中发挥着核心作用。

最后，主要在于发现了外派人员的跨文化动机与职业资本之间的关联。子研究二发现了跨文化动机作为外派动机的核心，对个人的职业资本有一定的影响。从已有研究中可以看出，通常情况下企业外派在外派管理方面提供了具体的培训和指导（Froese，2012），有利于个体获取有效的职业资本，但是个体的外派任务绩效和外派满意度（Downes，2002）仍然存在较大的差异。本研究发现跨文化动机较强的个体在外派过程中更容易自主地获取来自组织内外部的社会关系和职业资源，由此达到职业资本积累的目的。因此，本研究强调了企业外派的个体跨文化动机的重要性，以及跨文化动机对职业资本积累产生的积极影响。

具体而言，结合子研究一、子研究二和子研究三，本研究有以下几点理论贡献：

首先，本研究深度挖掘了企业外派人员的外派动机因素及其形成机理，对外派动机的研究有一定的理论价值。人的动机大多是由认知产生的，通过认知性动机能够激发人的行为，并根据预期指导其行动，根据期望理论，明确外派动机有助于个人开展外派活动，进而实现职业资本增值。本研究提出的外派动机形成机理模型强调了自我决定取向的动机因素，有助于外派人员明确自主性—受控性外派动机的分类，并进一步加强对自主性动机的关注，即个体对跨文化环境以及组织制度的认知水平，不断内化外部规范和价值观，从而形成自主性较高的外派动机。此外，本研究对外部环境进行了划分，并阐释了自主性—控制性环境对个体基本心理需求的影响路径，丰富了外派动机的理论模型。

其次，本研究对外派动机和职业资本的关系研究提供了一定的理论意义，填补了实证研究的空缺。在外派领域，多数研究对外派适应、外派绩效、外派成功和外派回任等外派现实问题进行密切的讨论，很少有研究重点关注外派人员的动机因素；另外，职业生涯领域中有关职业资本的研究兴起较晚，已有的关于人力资本、社会资本、心理资本的研究发展较为成熟，有学者认为可以用这三种资本等同或者定义职业资本的内涵。然而，通过文献梳理和研究我们发现，职业资本包含的“知道如何做”“知道为什么”和“知道是谁”更侧重于职业相关的隐性和显性资本，并在文化间和组织间具有可流动性和可雇佣性。本研究梳理了中国企业外派人员的动机因素和职业资本的影响因素，提出外派人员的外派动机作为内驱因素，通过外派适应对职业资本产生影响。在社会认知理论的指导下，研究发现跨文化动机是个人在跨文化环境中进行“认知—行为—环境”交互作用的关键影响因素，发挥着主体性功能，而职业资本正是三元交互作用的结果，这一研究发现有助于了解两者关系的内在规律，是对外派领域和职业生涯领域有机的结合。

最后，本研究进一步加强和深化了自我效能理论在外派领域和职业生涯领域中的应用，对于理解跨文化动机和职业资本的内在机制具有一定的理论贡献。作为社会认知理论的进一步拓展，自我效能理论关注的是三元交互决定论中的主体性因素。从自我效能理论提出以来，已经被学者们广泛地应用在教育心理学、健康心理学、临床心理学、管理心理学和职业生涯领域等多个研究领域（郭本禹，2008）。结合外派领域和职业生涯领域的研究，自我效能信念常常决定了职业选择内容（Betz & Hackett，1983）和有效的职业决策（Taylor & Betz，1983）。其中，企业外派作为个人职业生涯的重要一环，个人也会因此面临外派职业的选择和决策的过程，因此，本研究提出职业效能感在跨文化动机和职业资本关系之间的正向中介作用是基于自我效能感在职业生涯领域中的具体应用，强调了在跨文化环境中，除了个人的“认知—行为—环境”的交互作用会对外派人员的职业资本产生重要影响，个人的动机因素也发挥着不容忽视的关键作用。

6.2 实践贡献

除了上述的理论贡献，本研究对外派个体、外派管理者和跨文化管理者都有一定的实践价值。

首先，对于外派人员来说，明确外派动机意味着外派个人需要进行自我评价，在对企业外派任务有充分认识和了解的基础上，根据自己的意愿和能力进行选择和决策。由于企业外派往往具备明确的外派任务和目标，外派人员需要的不仅是具备一定的跨文化能力，还需要有承担责任和风险的意识，否则在跨文化环境中遇到困境时，容易退缩和逃避。因此，根据个人和实际情况进行衡量的同时，不高估外派的价值和职业资本的可雇佣性，对于外派人员在面临职业选择、调整和决策时具有一定的帮助。另外，企业外派活动往往面临社会文化潜在规范的约束，或者是外派管理的限制，因此，具备坚定的信念和决心有助于外派人员对跨文化环境中复杂现象和信息进行认知上的深层次加工，有助于理解和包容多元文化。同时，积极的信念有利于外派人员心理健康水平的维持，是顺利开展和适应外派生活、工作和互动交往的基础，而适应的状态又会进一步加强自我积极信念的收益，形成良性循环，促使外派人员进一步拓展生活和职业边界。

其次，对于外派管理者来说，深入了解外派人员的外派动机具有重要实践意义。在外派人员选拔和培训上，除了考察外派人员的跨文化能力，选择外派意愿明确的外派人员会降低外派失败的风险；由于企业对外派人员的需求普遍较大，因此，并不是所有外派人员都具有强烈而明确的外派目标，这时，企业应当配合一定的培训活动，为外派人员提供充足的信息，唤醒外派人员追求自我成长和职业发展的知觉模式，并引导和激发外派人员的外派动机。此外，企业还应当注意到外派人员的情感需求得不到满足会对挫伤积极信念和意志，不利于外派任务的执行，因此，企业还应当密切关注外派人员的心理状况，将培训和指导深入外派的每一个阶段，以便外派人员能够得到及时的职业和心理支持。

6.3 研究局限和未来展望

综合上述的三个研究、结论以及贡献，本研究为未来的研究提供了一定的研究方向，但仍然有不足之处。

第一，本研究结合定性和定量研究探索了外派人员的外派动机及其对职业资本的影响，丰富了现有的实证研究。然而，本研究仅考察外派动机的划分和形成机制，深入挖掘了核心动机—跨文化动机对职业资本的影响，忽略了对外派动机的整合以及相应的量表开发。由于目前还缺乏成熟的量表测量外派人员的外派动机，动机因素的测量还停留在文化智力的动机性部分，因此，今后的研究可以扩大样本数量，对外派人员的外派动机展开针对性的调查，并开发中国文化背景下外派人员的外派动机量表。

第二，从数据收集的角度上，由于外派人员的特殊性，调研的难度也相应增加，使得子研究三的调研数据全部来自个人层面的同源数据，尽管在信度检验和验证性因子检验中都有较好的结果，但仍然无法避免共同方法偏差的问题。未来的研究可以考虑关注情景变量的边界影响，进一步丰富理论模型；问卷调查则采用领导下属匹配的方式，对外派人员的动机和职业资本进行测量，结合纵向研究对外派人员职业资本的有效性进行深入考察。

第三，本研究采用定性研究和定量研究相结合的方式对外派动机和职业资本的关系进行考察，研究对象大多来自国有大中型企业的外派人员，尽管在中国企业外派实践上具有一定的代表性和典型性，但是样本仍然具有一定的局限性。因此，今后的研究可以考虑运用规范的案例研究方法对多家企业进行深入调研走访，形成对比性的案例研究，深入考察企业外派管理制度对外派人员的外派动机的影响，以及对职业资本积累的影响。

第 7 章

总　结

随着企业国际化进程的不断加快，企业和个人都不得不顺应着国际市场的变化。学者们也纷纷将视角聚焦于开拓海外市场的企业及其外派人员，已有文献对外派意愿和外派适应的关系进行了探究，但并未关注推动外派人员选择外派的动机因素。通过对外派相关理论、职业资本相关理论和自我决定理论的逻辑梳理，本书分别以中国企业的27名和35名外派人员为研究对象，从微观层面考察并检验了外派主体的外派动机对职业资本的预测关系，以自我决定理论为依据和指导，运用定性研究中的扎根理论方法对外派动机的具体内容、核心动机因素及其对职业资本的影响进行剖析，初步刻画了外派动机及其形成机理模型和跨文化动机对职业资本影响的理论模型，阐释和论证了跨文化动机与职业资本相关的内在机理。基于此，研究进一步回顾了跨文化动机和职业资本的相关文献，并深入挖掘外派适应和职业自我效能感的理论解释，提出了基于社会认知理论和自我效能理论的研究假设。同时，研究采用问卷调查的方法，获取了428名有效的外派人员调研数据，并进行规范的数据检验和分析，实证结果验证了研究假设，理论模型由此成立。

现代社会处于千变万化中，个人的主体性和能动性仍然在影响和改造世界的过程中发挥着重要的作用，动机作为认知和行为的出发点，对于指导外派人员进行跨文化探索和职业生涯规划具有积极的影响。本研究重点从理论出发，结合实践管理和应用三个环节，强调了探索、识别和强化动机的重要性，即无论是企业还是个人，都应当充分关注个体对外派活动的期望和追求。对企业来说，外部环境对个体动机和职业资本的流动都具有重要影响作用，应当加强外部环境中的支持性因素，积极引导和鼓励个体对跨文化环境的了解，增进其兴趣和好奇，由此激发个体的跨文化动机。具体而言，企业需要完善外派管理制度，尤其是培训制度和外派激励制度，不仅对外派人员进行短期指导，更需要长期地关注并给予适当的引导和关怀。其形式也不仅限于具体的可操作性，还应当具备一定的弹性，做到“因人制宜”。如此，在明确外派人员的外派动机下，才有机会充分发挥个人的能动性，实现外派职业资本的增值。对个人来说，分为向内探索、向外探索两个方面：一方面，兴趣是保持工作热情的重要来源，个体应当对外派任务和跨文化环境有一定的认知，结合自身跨文化体验和学习的需求意识，明确职业生涯规划与执行外派任务的期望，达到内外动机的一致性，有助于外派工作的顺利开展；另一方面，企业的外派职责是艰巨且繁重的，与其背负来自企业的外派压力，不如寻求外部环境中的多方支持和反馈信息，避免信息匮乏带来的不安全感和焦虑。在外派过程中保持开放的思想态度，理解和包容潜在的文化差异和冲突，有助于提升跨文化能力，实现职业资本的流动和积累。

总体来说，由于在市场环境、文化、语言、生活方式等方面，国内与海外存在巨大差异，我国企业的外派员工的外派动机不足，外派过程中存在很大的文化和环境的不适应。企业要想提升国际竞争力和确保海外项目的顺利实施，需要外派人员具备跨文化管理和属地化管理的能力，根据实际情况和当地相关的政策法规来拓展市场和推动企业国际化经营。在管理实践中，尽管多数跨国企业都会进行外派人员管理，但是管理方式较为松散，且仍缺乏完善的管理思路，容易造成员工的外派动机不足、外派不适应、外派中断甚至外派失败等现象。因此，“走出去”的企业对外派员工的外派激励就成为企业十分重要的管理活动，特别是在高度网络化、信息化发展的背景下，企业应认识到如何充分利用现代科学技术和工具，特别是利用成熟的信息化技术推进改革，发展创新激励方式和方法，以便更好地为激发和强化个人外派动机提供具体的实践模式。一方面，企业应当重视现代科学技术和工具的运用，丰富和完善企业外派的内容以及指导方式方法，倡导行动学习和终身学习，为外派人员搭建适宜的职业成长平台，充分激发外派人员的外派动机，为职业资本增值的实现奠定基础；另一方面，结合企业的长期战略目标，结合激励约束机制，创新和发展企业外派人员激励形式，实现外派职业资本在个人职业生涯与企业发展的双重嵌入，以战略为引导超前储备国际化人才，防范人才流失的风险。基于此，企业外派管理不能只停留在应对国家规定和要求的层面，停留在传统的陈旧的管理模式之中，应当从企业长远发展的战略目光出发，主动地利用好各种现代化技术和手段，积极创新和发展企业外派员工的各项管理工作，既要充实管理内容，也要创新管理方式。本研究通过理论分析和实证检验有机结合了外派领域和职业生涯领域的研究，增添了新的研究成果和样本，对未来的研究提供了研究思路，并为我国企业外派实践提供了理论指导和管理启示。

参考文献

［1］曹礼平，李元旭．外派人员理论研究综述及研究展望［J］．江西社会科学，2008（10）：208—212.

［2］车丽萍，秦启文．管理心理学［M］．武汉：武汉大学出版社，2016.

［3］车笠．美国旅居者在中国的跨文化适应［D］．上海：华东师范大学，2010.

［4］陈向明．扎根理论的思路和方法［J］．教育研究与实验，1999，4（04）：58—63.

［5］陈向明．质的研究方法与社会科学研究［M］．北京：教育科学出版社，2000.

［6］杜红，王重鸣．外资企业跨文化适应模式分析：结构方程建模［J］．心理科学，2001（04）：415—417.

［7］冯娇娇，程延园，王甫希．员工的外派动机及国际人力资源管理政策匹配性：以中国银行为例［J］．中国人力资源开发，2017（04）：101—110.

［8］郭本禹，姜飞月．自我效能理论及其应用［M］．上海：上海教育出版社，2008.

[9] 郭本禹，姜飞月．职业自我效能理论及其应用［J］．东北师大学报（哲学），2003（05）：126—133.

［10］何蓓婷，安然．中方外派管理者的跨文化适应压力及应对机理［J］．管理案例研究与评论，2019，12（01）：74—92.

［11］何燕珍，王玉梅．跨国公司外派人员跨文化适应的研究综述［J］．井冈山大学学报（社会科学版），2013，34（01）：58—64.

［12］何滢．外派人员跨文化胜任力研究综述［J］．中国新通信，2014，16（01）：16—21.

［13］胡小勇，郭永玉．自主—受控动机效应及应用［J］．心理科学进展，2009，17（01）：197—203.

［14］李海芹，张辉，张承龙．网络公益社会认同影响因素及产生机制研究［J］．管理评论，2019，31（01）：268—278.

［15］李加莉，单波．文化适应心理学研究的脉络与新走向［J］．理论月刊，2012（06）：49—52.

［16］李苹．企业外派人员心理契约研究综述［J］．科技管理研究，2010，30（20）：141—144.

［17］林新月，武晓龙，杜娟．中国员工动机性文化智力与适应性绩效的关系研究［J］．上海管理科学，2019，41（04）：51—59.

［18］刘俊振．跨国企业外派人员跨文化适应核心影响要素分析［J］．广西民族大学学报（哲学社会科学版），2008，30（S2）：68—72.

［19］刘俊振．论外派人员跨文化适应的内在系统构成与机制［J］．广西民族大学学报（哲学社会科学版），2008（S1）：63—66.

［20］刘丽虹，张积家．动机的自我决定理论及其应用［J］．华南师范大学学报（社会科学版），2010（04）：53—59.

［21］刘新荣．跨国公司外派人员归国适应研究［J］．中国人力资源开发，2008（04）：96—98.

［22］龙立荣，彭永新．国外职业决策困难研究及其启示［J］．人类工效学，2000（04）：45—49.

［23］龙立荣，方俐洛，李晔．社会认知职业理论与传统职业理论比较研究［J］．心理科学进展，2002（02）：225—232.

［24］马斯洛，许金声．动机与人格［M］．北京：华夏出版社，1987.

［25］时勘，侯彤妹．关键事件访谈的方法［J］．中外管理导报，2002（03）：52—55.

［26］史雪琳．外派人员回任失败文献综述［J］．纳税，2017（04）：106.

［27］孙晓娥．深度访谈研究方法的实证论析［J］．西安交通大学学报（社会科学版），2012，32（03）：101—106.

［28］孙晓娥．扎根理论在深度访谈研究中的实例探析［J］．西安交通大学学报（社会科学版），2011，31（06）：87—92.

［29］王亮，牛雄鹰．外派适应研究述评与展望［J］．华东经济管理，2018，32（02）：176—184.

[30] 王孟成. 潜变量建模与 Mplus 应用·基础篇 [M]. 重庆: 重庆大学出版社, 2014.

[31] 王秀玲, 孙大强, 王洪涛. 行为事件访谈中受访者心理分析及应对策略 [J]. 中国人力资源开发, 2007 (05): 51—53.

[32] 王玉梅, 何燕珍. 跨国外派管理实践对外派人员跨文化适应的影响: 基于中国企业的实证研究 [J]. 经济管理, 2014, 36 (05): 80—92.

[33] 王泽宇, 王国锋, 井润田. 基于外派学者的文化智力、文化新颖性与跨文化适应研究 [J]. 管理学报, 2013, 10 (03): 384—389.

[34] 王泽宇, 王国锋, 井润田. 外派学者内驱力和工作适应: 文化距离的调节作用 [J]. 社会科学管理与评论, 2011 (04): 50—57.

[35] 魏华颖. 国际外派人才研究新思路及对我国的启示 [J]. 领导科学, 2014 (05): 43—45.

[36] 文军, 蒋逸民. 质性研究概论 [M]. 北京: 北京大学出版社, 2010.

[37] 吴湘繁, 卡地尔, 严荣. 不待扬鞭自奋蹄: 资源观视角下自我管理对工作绩效的作用机理 [J]. 中国人力资源开发, 2019, 36 (10): 45—61.

[38] 闫燕, 邹晓燕, 卿涛. 国内外职涯资本的研究述评与展望 [J]. 心理科学, 2016, 39 (04): 998—1004.

[39] 严文华. 西方人格工具在中国: 文化的思考——以

多元文化人格问卷为例［J］. 心理科学，2009，32（04）：932—935.

［40］杨红明，廖建桥．企业员工内在工作动机研究述评［J］. 外国经济与管理，2007（03）：33—39.

［41］叶晓倩．留任还是离职：影响外派回任人员决策的因素分析［J］. 中国人力资源开发，2010（10）：19—22.

［42］张春虎．基于自我决定理论的工作动机研究脉络及未来走向［J］. 心理科学进展，2019，27（08）：1489—1506.

［43］张剑，郭德俊．内部动机与外部动机的关系［J］. 心理科学进展，2003（05）：545—550.

［44］张剑，张建兵，李跃，等．促进工作动机的有效路径：自我决定理论的观点［J］. 心理科学进展，2010，18（05）：752—759.

［45］张剑，张微，宋亚辉．自我决定理论的发展及研究进展评述［J］. 北京科技大学学报（社会科学版），2011，27（04）：131—137.

［46］张明．跨国公司外派人员适应性问题研究综述［J］. 经济论坛，2013（03）：140—144.

［47］张颖．文化智力、外派适应性与跨文化冲突预判：基于文化距离不对称性视角［D］. 昆明：云南财经大学，2017.

［48］中华人民共和国国家统计局．中国统计年鉴（2019）［EB/OL］. http：//www. stats. gov. cn/tjsj/ndsj/2019/indexch. htm.

［49］周文霞，冯晋，李硕钰，等．HR 从业者的职业资本与职业成功：一个有调节的中介作用模型［J］. 中国人民大

学教育学刊，2018（03）：161—180.

［50］周文霞，辛迅，潘静洲，等．职业成功的资本论：构建个体层面职业成功影响因素的综合模型［J］．中国人力资源开发，2015（17）：38—45.

［51］周燕华，崔新健．员工社会网络对外派适应的影响及文化距离的调节效应：基于中国跨国公司外派人员的实证研究［J］．河北经贸大学学报，2012，33（05）：71—75.

［52］马斯洛，陈炳权，高文浩，等．人的动机理论（下）［J］．经济管理，1981（12）：64—66.

［53］Abbott G，Gilbert K，Rosinski P. Cross－cultural working in coaching and mentoring［M］//Passmore J，Peterson D B，Freire T. The Wiley－Blackwell handbook of the psychology of coaching and mentoring. Hoboken：John Wiley & Sons，Ltd.，2012.

［54］Adler N J. Re－Entry：managing cross－cultural transitions［J］. Group & Organization Studies，1981，6（3）：341－356.

［55］Alderfer C P. An empirical test of a new theory of human needs［J］. Organizational Behavior & Human Performance，1969，4（2）：142－175.

［56］Altman Y，& Baruch Y. Global self－initiated corporate expatriate careers：a new era in international assignments?［J］. Personnel Review，2012，41（2）：233－255.

［57］Ang S，Van Dyne L，Koh C，et al. Cultural intelligence: its measurement and effects on cultural judgment and decision making, cultural adaptation and task performance [J]. Management and Organization Review, 2007, 3 (3): 335 -371.

[58] Ang S, Van Dyne L. Handbook of cultural intelligence: theory, measurement, and applications [M]. New York: Taylor & Francis, 2008.

[59] Arthur Jr W, Bennett Jr W. The international assignee: the relative importance of factors perceived to contribute to success [J]. Personnel Psychology, 1995, 48 (1): 99 -114.

[60] Arthur M, Rousseau D. The boundaryless career: a new employment principle for a new organizational era [M]. New York: Oxford University Press, 1996.

[61] Bandura A, Watts R E. Self - efficacy in changing societies [J]. Journal of Cognitive Psychotherapy, 1999, 10 (4): 313 -315.

[62] Bandura A. Self - efficacy [J]. The Corsini Encyclopedia of Psychology, 2010: 1 -3.

[63] Bandura A. Social foundations of thought and action [M]. Englewood Cliffs: Prentice Hall, 1986: 23 -28.

[64] Bandura A. The social and policy impact of social cognitive theory [M] //Mark M M, Donaldson S I, Campbell B. Social psychology and evaluation. New York: The Guilford Press, 2011: 33 -70.

[65] Bandura A. Toward a psychology of human agency [J].

Perspectives on Psychological Science, 2006, 1 (2): 164 – 180.

[66] Mujica B. Predictors of success in the era of the boundaryless career [J]. Journal of Organizational Behavior, 2003, 24 (6): 689 – 708.

[67] Barham K, Wills S. Management across frontiers – identifying the competences of successful international managers [R]. Berkhamsted: Ashridge Management Research Group and the Foundation for Management Education, 1992.

[68] Baruch Y, Altman Y, Tung R L. Career mobility in a global era: advances in managing expatriation and repatriation [J]. Academy of Management Annals, 2016, 10 (1): 1 – 49.

[69] Benson G S, Pattie M. Is expatriation good for my career? The impact of expatriate assignments on perceived and actual career outcomes [J]. International Journal of Human Resource Management, 2008, 19 (9): 1636 – 1653.

[70] Berthoin A A. Types of knowledge gained by expatriate managers [J]. Journal of General Management, 2000, 26 (2): 32 – 51.

[71] Betz N E, Hackett G. Applications of self – efficacy theory to the career assessment of women [J]. Journal of Career Assessment, 1997, 5 (4): 383 – 402.

[72] Betz N E, Hackett G. The relationship of mathematics self – efficacy expectations to the selection of science – based college majors [J]. Journal of Vocational Behavior, 1983, 23 (3):

329 – 345.

[73] Biemann T, Braakmann N. The impact of international experience on objective and subjective career success in early careers [J]. The International Journal of Human Resource Management, 2013, 24 (18): 3438 – 3456.

[74] Bierly P E I, Chakrabarti A K. Technological learning, strategic flexibility, and new product development in the pharmaceutical industry [J]. IEEE Transactions on Engineering Management, 1996, 43 (4): 368 – 380.

[75] Black J S, Mendenhall M, Oddou G. Toward a comprehensive model of international adjustment: an integration of mutiple theoretical perspectives [J]. Academy of Management Review, 1991, 16 (2): 291 – 317.

[76] Black J S, Gregersen H B. Antecedents to cross – cultural adjustment for expatriates in pacific rim assignments [J]. Human Relations, 1991, 44 (5): 497 – 515.

[77] Black J S. Work role transitions: a study of American expatriate managers in Japan [J]. Journal of International Business Studies, 1988, 19: 277 – 294.

[78] Black J S, Stephens G K. The influence of the spouse on American expatriate adjustment and intent to stay in Pacific rim overseas assignments [J]. Journal of Management, 1989, 15 (4): 529 – 544.

[79] Bolino M C. Expatriate assignments and intra – organiza-

tional career success: implications for individuals and organizations [J]. Journal of International Business Studies, 2007, 38 (5): 819 - 835.

[80] Caligiuri P, Santo V D. Global competence: what is it, and can it be developed through global assignments? [J]. Human Resource Planning, 2001, 24 (3): 27 - 35.

[81] Caligiuri P, Tarique I. Predicting effectiveness in global leadership activities [J]. Journal of World Business, 2009, 44 (3): 336 - 346.

[82] Cappellen T, Janssens M. Career paths of global managers: towards future research [J]. Journal of World Business, 2011, 40 (4): 348 - 360.

[83] Chen G, Kirkman B L, Kim K, et al. When does cross - cultural motivation enhance expatriate effectiveness? A multilevel investigation of the moderating roles of subsidiary support and cultural distance [J]. Academy of Management Journal, 2010, 53 (5): 1110 - 1130.

[84] Colquitt J A, LePine J A, Noe R A. Toward an integrative theory of training motivation: a meta - analytic path analysis of 20 years of research [J]. Journal of Applied Psychology, 2000, 85 (5): 678.

[85] Corbin J M, Strauss A. Grounded theory research: procedures, canons, and evaluative criteria [J]. Qualitative Sociology, 1990, 13 (1): 3 - 21.

[86] Creswell J W, Miller D L. Determining validity in qualitative inquiry [J]. Theory into Practice, 2000, 39 (3): 124 - 130.

[87] Danneels E. The dynamics of product innovation and firm competences [J]. Strategic Management Journal, 2002, 23 (12): 1095 - 1121.

[88] De Vos A, De Hauw S, Van der Heijden B I J M. Competency development and career success: the mediating role of employability [J]. Journal of Vocational Behavior, 2011, 79 (2): 438 - 447.

[89] Deci E L, Connell J P, Ryan R M. Self - determination in a work organization [J]. Journal of Applied Psychology, 1989, 74 (4): 580 - 590.

[90] Deci E L, Ryan R M. Handbook of self - determination research [M]. New York: The University of Rochester Press, 2002.

[91] Deci E L, Ryan R M. The "What" and "Why" of goal pursuits: human needs and the self - determination of Behavior [J]. Psychological Inquiry, 2000, 11 (4): 227 - 268.

[92] Deci E L. Intrinsic motivation and self - determination in human behavior [J]. Encyclopedia of Applied Psychology, 2004, 3 (2): 437 - 448.

[93] Deci E L, Ryan R M, Gagné M, et al. Need satisfaction, motivation, and well - being in the work organizations of a

former eastern bloc country: a cross – cultural study of self – determination [J]. Personality and Social Psychology Bulletin, 2001, 27 (8): 930 – 942.

[94] Deci E L, Ryan R M. The support of autonomy and the control of behavior [J]. Journal of Personality and Social Psychology, 1987, 53 (6): 1024.

[95] Defillippi R J, Arthur M B. The boundaryless career: a competency – based perspective [J]. Journal of Organizational Behavior, 1994, 15 (4): 307 – 324.

[96] Dickmann M, Harris H. Developing career capital for global careers: the role of international assignments [J]. Journal of World Business, 2005, 40 (4): 399 – 408.

[97] Dickmann M, Doherty N, Mills T, et al. Why do they go? Individual and corporate perspectives on the factors influencing the decision to accept an international assignment [J]. The International Journal of Human Resource Management, 2008, 19 (4): 731 – 751.

[98] Donnay D A C, Borgen F H. The incremental validity of vocational self – efficacy: an examination of interest, self – efficacy, and occupation [J]. Journal of Counseling Psychology, 1999, 46 (4): 432.

[99] Downes M, Thomas A S, Singley R B. Predicting Expatriate job satisfaction: the role of firm internationalization [J]. Career Development International, 2002, 7 (1): 24 – 36.

[100] Duxbury L E, Higgins C A, Thomas D R. Work and family environments and the adoption of computer - supported supplemental work - at - home [J]. Journal of Vocational Behavior, 1996, 49 (1): 1 - 23.

[101] Eby L T, Butts M, Lockwood A. Predictors of success in the era of the boundaryless career [J]. Journal of Organizational Behavior, 2003, 24 (6): 689 - 708.

[102] Deci E L, Eghrari H, Patrick B C, et al. Facilitating internalization: the self - determination theory perspective [J]. Journal of Personality, 1994, 62 (1): 119 - 142.

[103] Eisenhardt K M, Martin J A. Dynamic capabilities: what are they? [J]. Strategic Management Journal, 2000, 21 (10/11): 1105 - 1121.

[104] Feldman D C, Thomas D C. Career management issues facing expatriates [J]. Journal of International Business Studies, 1992, 23 (2): 271 - 293.

[105] Feldman D C, Tompson H B. Expatriation, repatriation, and domestic geographical relocation: an empirical investigation of adjustment to new job assignments [J]. Journal of International Business Studies, 1993, 24 (3): 507 - 529.

[106] Firth B M, Chen G, Kirkman B L, et al. Newcomers abroad: expatriate adaptation during early phases of international assignments [J]. Academy of Management Journal, 2014, 57 (1): 280 - 300.

[107] Francis - Smythe J, Haase S, Thomas E, et al. Development and validation of the career competencies indicator (CCI) [J]. Journal of Career Assessment, 2013, 21 (2): 227 - 248.

[108] Froese F J. Motivation and adjustment of self - initiated expatriates: the case of expatriate academics in South Korea [J]. International Journal of Human Resource Management, 2012, 23 (6): 1095 - 1112.

[109] Fusch P I, Ness L R. Are we there yet? Data saturation in qualitative research [J]. The Qualitative Report, 2015, 20 (9): 1408.

[110] Garavan T, Shanahan V, Carbery R, et al. Strategic human resource development: towards a conceptual framework to understand its contribution to dynamic capabilities [J]. Human Resource Development International, 2016, 19 (4): 289.

[111] Hackett G, Byars A M. Social cognitive theory and the career development of African American women [J]. The Career Development Quarterly, 1996, 44 (4): 322 - 340.

[112] Harrison J K, Chadwick M, Scales M. The relationship between cross - cultural adjustment and the personality variables of self - efficacy and self - monitoring [J]. International Journal of Intercultural Relations, 1996, 20 (2): 167 - 188.

[113] Harrison D A, Shaffer M A, Bhaskar - Shrinivas P. Going places: roads more and less traveled in research on expatriate experiences [M] //Martocchio J J, Research in personnel

and human resources management. Greenwich, CT: JAI. 2004.

[114] Harzing A W K. Of bears, bumble – bees and spiders: the role of expatriates in controlling foreign subsidiaries [J]. Journal of World Business, 2001, 36 (4): 366 – 379.

[115] Haslberger A, Brewster C, Hippler T. The dimensions of expatriate adjustment [J]. Human Resource Management, 2013, 52 (3): 333 – 351.

[116] Hayes A F, Montoya A K, Rockwood N J. The analysis of mechanisms and their contingencies: PROCESS versus structural equation modeling [J]. Australasian Marketing Journal, 2017, 25 (1): 76 – 81.

[117] Hayes A F, Preacher K J. Quantifying and testing indirect effects in simple mediation models when the constituent paths are nonlinear [J]. Multivariate Behavioral Research, 2010, 45 (4): 627 – 660.

[118] Herman J L, Tetrick L E. Problem – focused versus emotion – focused coping strategies and repatriation adjustment [J]. Human Resource Management, 2009, 48 (1): 69 – 88.

[119] Holland J L. Making vocational choices: a theory of vocational personalities and work environments [M]. Psychological Assessment Resources, 1997.

[120] Hosen R, Solovey – Hosen D, Stern L. Education and capital development: capital as durable personal, social, economic and political influences on the happiness of individuals [J].

Education, 2003, 123 (3): 496 - 514.

[121] Inkson K, Myers B A. "The big OE": self - directed travel and career development [J]. Career Development International, 2003, 8 (4): 170 - 181.

[122] Inkson K, Arthur M B, Pringle J, et al. Expatriate assignment versus overseas experience: international human resource Development [J]. Journal of World Business, 1997, 32 (4): 351 - 368.

[123] Izard C E, Ackerman B P. Motivational, organizational, and regulatory functions of discrete emotions [M] //Lewis M, Haviland J M. Handbook of emotions. New York: The Guil Ford Press, 2000.

[124] Jokinen T, Brewster C, Suutari V. Career capital during international work experiences: contrasting self - initiated expatriate experiences and assigned expatriation [J]. The International Journal of Human Resource Management, 2008, 19 (6): 979 - 998.

[125] Jokinen T. Development of career capital through international assignments and its transferability to new contexts [J]. Thunderbird International Business Review, 2010, 52 (4): 325 - 336.

[126] Jokinen T. Global leadership competencies: a review and discussion [J]. Journal of European Industrial Training, 2005, 29 (3): 199 - 121.

[127] Kanfer R. Motivation theory and industrial and organizational psychology [M] //Dunnette M D, Hough L M. Handbook of industrial and organizational psychology. Palo Alto: Consulting Psychologists Press, 1990.

[128] Kohonen E. The impact of international assignments on expatriates' identity and career aspirations: reflections upon re - entry [J]. Scandinavian Journal of Management, 2008, 24 (4): 320 - 329.

[129] Kolbe R H, Burnett M S. Content - analysis research: an examination of applications with directives for improving research reliability and objectivity [J]. Journal of Consumer Research, 1991, 18 (2): 243 - 250.

[130] Lamb M, Sutherland M. The components of career capital for knowledge workers in the global economy [J]. International Journal of Human Resource Management, 2010, 21 (3): 295 - 312.

[131] Lazarova M, Westman M, Shaffer M A. Elucidating the positive side of the work - family interface on international assignments: a model of expatriate work and family performance [J]. Academy of Management Review, 2010, 35 (1): 93 - 117.

[132] Lee Po - Yen. How to develop dynamic capabilities in multiunits [J]. Management Decision, 2018, 56 (4): 344 - 357.

[133] Littleton S M, Arthur M B, Rousseau D M. The

future of boundaryless careers [M] //Collin A, Young R A. The future of career. Cambridge: Cambridge University Press, 2000: 101 - 114.

[134] Mäkelä K. Knowledge sharing through expatriate relationships: a social capital perspective [J]. International Studies of Management and Organization, 2007, 37 (3): 108 - 125.

[135] Mäkelä L, Suutari V, Brewster C, et al. The impact of career capital on expatriates' perceived marketability [J]. Thunderbird International Business Review, 2016, 58 (1): 29 - 40.

[136] Matsui T, Onglatco M L. Instrumentality, expressiveness, and self - efficacy in career activities among Japanese working women [J]. Journal of Vocational Behavior, 1991, 39 (2): 241 - 250.

[137] Mau W C. Cultural differences in career decision - making styles and self - efficacy [J]. Journal of Vocational Behavior, 2000, 57 (3): 365 - 378.

[138] Mendenhall M E, Dunbar E, Oddou G R. Expatriate selection, training and career - pathing: a review and critique [J]. Human Resource Management, 1987, 26 (3): 331 - 345.

[139] Mezias J M, Scandura T A. A needs - driven approach to expatriate adjustment and career development: a multiple mentoring perspective [J]. Journal of International Business Studies, 2005, 36 (5): 519 - 538.

[140] Ng T W H, Eby L T, Sorensen K L, et al. Predictors

of objective and subjective career success: a meta - analysis [J]. Personnel Psychology, 2005, 58: 367 - 408.

[141] Doherty N, Dickmann M, Mills T. Exploring the motives of company - backed and self - initiated expatriates [J]. The International Journal of Human Resource Management, 2011, 22 (3): 595 - 611.

[142] Norris M. How study abroad shapes global careers: evidence from the United States [J]. Journal of Studies in International Education, 2009, 13 (3): 382 - 397.

[143] Earley P C, Ang S. Cultural intelligence: individual interactions across cultures [M]. Manhattan: Stanford University Press, 2003.

[144] Park K, Mense - Petermann U. Managing across borders: global integration and knowledge exchange in MNCs [J]. Competition & Change, 2014, 18 (3): 265 - 279.

[145] Parker P, Khapova S, Arthur M. The intelligent career framework as a basis for interdisciplinary inquiry [J]. Journal of Vocational Behavior, 2009, 75 (3): 291 - 302.

[146] Sparrow P, Harris H, Brewster C. Globalizing human resource management [M]. London: Routledge, 2016.

[147] Peltokorpi V, Froese F J. Differences in self - initiated and organizational expatriates' cross - cultural adjustment [M] //Andresen M, Ariss A A, Walther M. Self - initiated expatriation: individual, organizational, and national perspectives.

New York: Routledge, 2013.

[148] Eggenhofer - Rehart P M, Latzke M, Pernkopf K, et al. Refugees' career capital welcome? Afghan and Syrian refugee job seekers in Austria [J]. Journal of Vocational Behavior, 2018, 105 (4): 31 -45.

[149] Piercy J E, Forbes J B. The phases of the chief executive's career [J]. Business Horizons, 1991, 34 (3): 20 -22.

[150] Richardson J, Mallon M. Career interrupted? The case of the self - directed expatriate [J]. Journal of World Business, 2005, 40 (4): 409 -420.

[151] Rodriguez J K, Scurry T. Career capital development of self - initiated expatriates in Qatar: cosmopolitan globetrotters, experts and outsiders [J]. International Journal of Human Resource Management, 2014, 25 (7): 1046 -1067.

[152] Rubin A M. Propagation of magma - filled cracks [J]. Annual Review of Earth and Planetary Sciences, 1995, 23 (1): 287 -336.

[153] Kanfer R, Chen G, Pritchard R D. Work motivation: past, present and future [M]. New York: Routledge, 2008.

[154] Ryan R M, Deci E L. Intrinsic and extrinsic motivations: classic definitions and new directions [J]. Contemp Educ Psychol, 2000, 25: 54 -67.

[155] Ryan R M, Deci E L. Self - determination theory and the facilitation of intrinsic motivation, social development, and

well - being [J]. Am Psychol, 2000, 55 (1): 68 - 78.

[156] Salomaa R, Makela L. Coaching for career capital development: a study of expatriates' narratives [J]. International Journal of Evidence Based Coaching and Mentoring, 2017, 15 (1): 114.

[157] Stroh L K, Gregersen H B, Black J S. Closing the gap: expectations versus reality among repatriates [J]. Journal of World Business, 1998, 33 (2): 111 - 124.

[158] Suutari V, Mäkelä K. The career capital of managers with global careers [J]. Journal of Managerial Psychology, 2007, 22 (7): 628 - 648.

[159] Suutari V, Brewster C. Making their own way: international experience through self - initiated foreign assignments [J]. Journal of World Business, 2000, 35 (4): 417 - 436.

[160] Takeuchi R, Tesluk P E, Yun S, et al. An integrative view of international experience [J]. Academy of Management Journal, 2005, 48 (1): 85 - 100.

[161] Taylor K M, Betz N E. Applications of self - efficacy theory to the understanding and treatment of career indecision [J]. Journal of Vocational Behavior, 1983, 22 (1): 63 - 81.

[162] Tett R P, Burnett D D. A personality trait - based interactionist model of job performance [J]. Journal of Applied Psychology, 2003, 88 (3): 500 - 517.

[163] Tharenou P. Explanations of managerial career advance-

ment [J]. Australian Psychologist, 1997, 32 (1): 19 - 28.

[164] Tompson H B, Bear D J, Dennis D J, et al. Coaching: a global study of successful practices: current trends and future possibilities 2008—2018 [R]. New York: American Management Association, 2019.

[165] Tungli Z, Peiperl M. Expatriate practices in German, Japanese, UK, and US multinational companies: a comparative survey of changes [J]. Human Resource Management, 2009, 48 (1): 153 - 171.

[166] Van Der Zee K I, Van Oudenhoven J P. The multicultural personality questionnaire: a multidimensional instrument of multicultural effectiveness [J]. European Journal of Personality, 2000, 14 (4): 291 - 309.

[167] Weick K E. Enactment and the boundaryless career: organizing as we work [M] //Arthur M B, Rousseau D M. The boundaryless career: a new employment principle for a new organizational era. Oxford: Oxford University Press, 1996.

[168] Yao C. The impact of cultural dimensions on Chinese expatriates' career capital [J]. International Journal of Human Resource Management, 2014, 25 (5): 609 - 630.

[169] Zhao X, Lynch Jr J G, Chen Q. Reconsidering Baron and Kenny: myths and truths about mediation analysis [J]. Journal of Consumer Research, 2010, 37 (2): 197 - 206.

[170] Zhu J, Wanberg C R, Harrison D A, et al. Ups and

downs of the expatriate experience? Understanding work adjustment trajectories and career outcomes [J]. Journal of Applied Psychology, 2016, 101 (4): 549 - 568.

[171] Zikic J, Ezzedeen S. Towards a more integrated view of entrepreneurial careers [J]. International Journal of Entrepreneurial Behaviour & Research, 2015, 21 (6): 756 - 777.

[172] Zikic J. Skilled migrants, career capital as a source of competitive advantage: implications for strategic HRM [J]. International Journal of Human Resource Management, 2015, 26 (10): 1360 - 1381.

附录A 访谈提纲（一）

目的：

通过访谈了解外派人员选择和决定开展国际外派活动的动机类型、外部环境的特征以及动机形成过程。

内容：

个人层面：了解受访者外派经历，深入了解受访者开展外派活动的需求和期望，重点关注受访者的自我评价以及他人评价的信息。访谈过程中，应当给予受访者正面的反馈并做到及时的互动沟通，尽可能地让受访者在围绕主题的情况下畅所欲言，以便获得充分的访谈内容。

组织层面：了解受访者所在企业的外派管理政策，具体了解支持性的管理政策和激励机制，以及控制性的政策。另外，了解受访者的上级领导、同事和导师，以及组织内部的其他同事提供的信息。

社会层面：了解母国是否对该外派项目有政策支持或者行动建议。同时，对企业在东道国拥有的竞争优势和面临的发展困境进行了解。

访谈对象：

第一，访谈对象均为外派回任人员（具有一年及以上的外派经历者）。

第二，访谈对象分布在各个行业。

第三，访谈对象中，女性外派人员占一定的比例。

第四，访谈对象中，涉及各个职位的外派人员。

访谈大纲

引导语：

您好，欢迎您参与我们的访谈。我们是来自对外经济贸易大学国际商学院的研究团队，此次访谈主要目的是结合外派人员的国际工作经历，了解您参与外派的具体原因，以及您选择和开展外派活动的影响因素。

我们的问题是开放式的，且仅用于学术研究，请放心作答。

一、外派基本信息（10 分钟）

1. 请您简单地作一个自我介绍，主要关于您的年龄、教育背景、目前的工作状况等。

2. 您了解国家对外派项目的行动建议吗？对您所在的企业有什么影响？

3. 您所在的东道国环境如何，经济文化政治发展水平如何？对您开展外派活动产生了什么影响？

4. 您对所在的母公司和东道国公司的外派管理有所了解吗？他们对于外派人员管理采取了哪些措施？有相应的奖惩制度吗？请您介绍。

二、外派人员的外派动机（15分钟）

1. 您为什么选择外派？是什么原因让您决定进行外派的？

2. 您如何看待您所承担的外派工作？出自您的意愿还是外部的要求？

3. 您认为自己有义务和责任去执行外派任务吗？为什么？

4. 您对外派经历有什么期待和希望达成的目标吗？

5. 您认为外派会满足您的职业发展需要吗？或者其他需求，请您详细说明。

三、外部环境（10分钟）

1. 您所在的企业（母公司和东道国公司），为您的外派工作提供了哪些帮助和支持吗？

2. 您所在企业有具体的外派管理制度吗？为您产生了哪些影响？

3. 请您评价所在企业的外派激励措施（内容、目的和效果）。

4. 您的家人支持您外派吗？您认为家人的支持重要吗？

5. 请说明支持和阻碍您开展外派活动的组织因素。

6. 请说明支持和阻碍您开展外派活动的社会因素。

附录B 访谈提纲（二）

目的：

通过访谈了解外派动机的核心因素，以及该动机对职业资本的影响，重点关注动机对职业资本影响的内在机制。

内容：

个人层面：了解受访者外派经历，包括外派前中后三期的工作、生活、互动交往的情况及其变化，重点关注对“关键事件”及其结果的描述，把握其动机转化的过程以及受访者的评价和感悟。访谈过程中，应当保持互动沟通，并给予受访者正面的反馈。

组织层面：了解受访者所在母公司和东道国公司的经营情况，企业外派现状以及可能存在的外派管理问题。若条件允许，则应当对企业内部资料、外派管理和政策法规进行了解，尤其是涉及外派人员职业生涯管理的薪酬激励、人才选拔、培训开发等政策法规。

社会层面：了解外派当地的社会、经济和文化水平及其对个人执行外派任务的影响。

访谈对象：

第一，访谈对象必须都是外派回任人员（具有一年及以上的外派经历者）。

第二，访谈对象分布在各个行业。

第三，访谈对象中，女性外派人员占一定的比例。

第四，访谈对象中，涉及各个职位的外派人员。

访谈大纲

引导语：

您好，欢迎您参与我们的访谈。我们是来自对外经济贸易大学国际商学院的研究团队，此次访谈主要目的是结合您的国际工作经历，了解您的职业发展状况，寻找提升外派职业资本的原因，并进行归纳总结。

我们的问题是开放式的，且仅用于学术研究，请放心作答。

一、外派基本信息（10分钟）

略

二、外派人员外派动机中的关键因素（15分钟）

1. 您在外派过程中实现了个人追求吗？外派结果达到您

的预期了吗？

2. 在个人成长、职业发展、跨文化体验、语言学习和关系建立这几个外派动机中，您认为哪一个动机最重要？为什么？

3. 这一动机是如何发挥作用的？可以举例说明。

三、外派人员的职业资本（20 分钟）

（一）职业资本的内容

1. 您的外派经历对职业生涯有重要影响吗？请说明原因。

2. 您在驻外期间都有哪些收获？（如工作相关技能、人际交往、心理状态等）

3. 请您选取一件外派过程中令您印象深刻的事件，说明事件的起因、经过和结果。

4. 该事件对您产生了哪些影响？请具体谈谈。

（二）职业资本的获取

1. 您在外派过程中是自在和舒适的状态吗？您觉得这种状态对开展外派活动有什么影响？

2. 您遇到过文化差异或者文化冲突的状况吗？如果有，您是怎样处理的？结果如何？

3. 在生活和工作上遇到困难您会主动建立社会关系并寻求帮助吗？

四、外部环境（10 分钟）

1. 企业的外派培训涉及您的职业生涯发展吗？请您谈谈

组织对您的职业生涯规划和管理实施的具体措施。

2. 您在外派过程中，是否获得外界的指导和帮助？大约有多少人在生活和工作中为您提供了重要帮助？请举例说明。

3. 您有正式的导师或者教练吗？都给予您哪些方面的帮助？（如提升技能、拓展人脉、心理支持等）

附录C 中国企业外派人员的跨文化适应及职业资本调查

【问卷说明】

您好！感谢参与此次问卷调查。该问卷采用规范分析法，旨在了解外派人员的跨文化动机和跨文化适应对个人职业资本的影响，探索提升企业外派人力资源管理的有效方式。

您的回答对研究结果具有重要影响，答案无关对错，请根据实际情况如实填答；调查结果仅用于学术研究，不涉及个人隐私和商业机密，请您放心。

再次感谢您的支持和配合！

第一部分

公司信息和个人信息（单选题）

1. 公司性质（　　）

A. 民营企业　　　　　　　B. 国有企业

C. 外资企业　　D. 中外合资

E. 机关、事业单位

2. 公司所属（　　）行业

A. 建筑业　　B. 采矿业

C. 制造业　　D. 通信业

E. 互联网行业　　F. 进出口行业

G. 医疗服务行业　　H. 教育培训行业

I. 金融服务行业　　J. 物流行业

K. 其他____________

3. 您的性别（　　）

A. 男　　B. 女

4. 您的年龄（　　）

A. 20岁及以下　　B. 21—25岁

C. 26—30岁　　D. 31—35岁

E. 36—40岁　　F. 41—45岁

G. 46—50岁　　H. 50岁以上

5. 您的学历（　　）

A. 初中或以下　　B. 高中或中专

C. 大专　　D. 本科

E. 硕士研究生　　F. 博士研究生

6. 您的工作岗位（主要）属于（　　）

A. 公司中层领导（总代表、事业部总经理、副总、总助）

B. 职能/业务部门负责人（业务部经理、副经理）

C. 项目负责人（项目经理、副经理）

D. 商务类员工

E. 技术类员工

F. 职能类员工

7. 您在该公司的工作时间（　　）

A. 2年及以下　　B. 3—6年

C. 7—10年　　D. 10年及以上

8. 您在海外累计的外派工作时间（　　）

A. 0—3个月　　B. 3个月—1年

C. 1—3年　　D. 3—5年

E. 5年及以上

9. 您的职业生涯总共经历了（　　）外派（包括此次）？

A. 1次　　B. 2次

C. 3次　　D. 4次

E. 5次及以上

第二部分

以下描述是关于您在外派期间的职业发展状况，以及您在跨文化环境中的主观感受，请选择最符合您实际情况的程度（相应数字）。

10. 请评估您在外派期间的综合能力：1 = 完全不符合，2 = 不符合，3 = 不确定，4 = 符合，5 = 完全符合。

条目	1. 完全不符合	2. 不符合	3. 不确定	4. 符合	5. 完全符合
1. 寻找职业发展中持续性学习的机会					
2. 掌握多项工作技能					
3. 持续跟进职业发展趋势					
4. 寻找培训和发展的机会					
5. 常常更新工作技能					
6. 能让他人理解跨文化环境					
7. 有效领导和参与跨文化团队					
8. 了解公司中不同部门的战略作用					
9. 了解公司的关键流程、系统、程序和方法					
10. 了解如何统筹全局					

11. 请评估您在外派期间的心理状态：1 = 完全不符合，2 = 不符合，3 = 不确定，4 = 符合，5 = 完全符合。

条目	1. 完全不符合	2. 不符合	3. 不确定	4. 符合	5. 完全符合
1. 认清自己的优缺点、需求和动机					
2. 理解他人如何看待自己					
3. 承认中国文化对自身思想和行为的影响					
4. 认可自己的价值观和信仰					
5. 设定个人发展目标					
6. 主动提升个人技能和竞争力					
7. 渴望对工作任务有更深层次的了解					
8. 相信自己的实力					
9. 积极面对工作挑战					

12. 请评估您在外派期间的互动和联系能力：1 = 完全不符合，2 = 不符合，3 = 不确定，4 = 符合，5 = 完全符合。

条目	1. 完全不符合	2. 不符合	3. 不确定	4. 符合	5. 完全符合
1. 能够广泛地联系资源和活动					
2. 能够跨越公司边界建立社会网络和团队					
3. 能够建立和维持公司外部的社会网络和资源					
4. 熟悉公司内部的权威人士					

第三部分

这部分内容有关您外派期间的跨文化适应、跨文化认知以及跨文化环境中的行为表现等，请选择最符合您实际情况的程度（数字）。

13. 请评价您在外派期间的各方面适应情况：1 = 非常不适应，2 = 不太适应，3 = 适应，4 = 比较适应，5 = 非常适应。

条目	1. 非常不适应	2. 不太适应	3. 适应	4. 比较适应	5. 非常适应
一、生活适应					

续表

条目	1. 非常不适应	2. 不太适应	3. 适应	4. 比较适应	5. 非常适应
1. 总体生活条件					
2. 居住条件					
3. 食物					
4. 购物					
5. 生活成本					
6. 娱乐/消遣的设施和机会					
7. 医疗设施					
二、社交适应					
1. 与当地居民的交往					
2. 与当地居民的日常互动和交流					
3. 与当地居民工作以外的沟通					
4. 与当地居民聊天					
三、工作适应					
1. 具体的工作职责					
2. 绩效标准和组织期望					
3. 监管责任					

14. 请评价和判断您完成外派任务的信心和信念：1 = 非常不同意，2 = 不同意，3 = 不确定，4 = 同意，5 = 非常同意。

条目	1. 非常不同意	2. 不同意	3. 不确定	4. 同意	5. 非常同意
1. 有信心达成职业目标					
2. 努力完成困难重重的工作					
3. 实现了重要的职业目标					
4. 积极面对职业发展的困境					
5. 坚持做有助于职业发展但不愉快的事					
6. 与职业发展相关的事情，一旦决定就立即执行					
7. 在工作中学习新事物时，遇到挫折不轻易放弃					
8. 主动学习具有挑战性的新事物					
9. 有把握获得期望中的职位					

续表

条目	1. 非常不同意	2. 不同意	3. 不确定	4. 同意	5. 非常同意
10. 依靠个人努力实现职业目标					
11. 能应对职业发展中的大多数问题					

15. 请评价和判断您所具备的跨文化能力：1 = 非常不同意，2 = 不同意，3 = 不确定，4 = 同意，5 = 非常同意。

条目	1. 非常不同意	2. 不同意	3. 不确定	4. 同意	5. 非常同意
一、您具备以下的心理能力吗？					
1. 能意识到与不同文化背景的人交流时使用的文化知识					
2. 交往时能调整文化知识					
3. 能意识到应用到跨文化交流中的文化知识					
4. 交往时能检查文化知识的准确性					

续表

条目	1. 非常不同意	2. 不同意	3. 不确定	4. 同意	5. 非常同意
二、您对当地文化有哪些了解？					
1. 法律和经济体系					
2. 语言的规则（如词汇、语法）					
3. 价值观和宗教信仰					
4. 婚姻体系					
5. 艺术和手工艺品					
6. 非语言表达的行为规则					
三、您渴望了解当地文化吗？					
1. 喜欢与当地人交往					
2. 有信心与当地人交往					
3. 有信心克服新文化适应的压力					
4. 喜欢生活在不熟悉的文化中					

续表

条目	1. 非常不同意	2. 不同意	3. 不确定	4. 同意	5. 非常同意
5. 有信心适应当地的购物环境					
四、您在当地文化情景中的行为表现如何？					
1. 根据情景改变语言方式（如口音、语调）					
2. 根据情景选择停顿和沉默					
3. 根据情景改变语速					
4. 根据情景改变非语言行为（如手势、头部动作、站位的远近）					
5. 根据情景改变面部表情					

16. 请评价和判断您在跨文化环境中的行为表现和个人特点：1 = 完全不符合，2 = 不符合，3 = 不确定，4 = 符合，5 = 完全符合。

条目	1. 完全不符合	2. 不符合	3. 不确定	4. 符合	5. 完全符合
一、您如何面对跨文化环境？					
1. 尝试各种方法					
2. 寻找实现目标的新途径					
3. 容易开启一段新生活					
4. 喜欢设想解决方案					
5. 把握社会发展趋势					
6. 感受不同文化的合理性					
7. 寻找不同文化背景的人					
8. 拥有广泛的兴趣爱好					
二、您在跨文化环境中的感受如何？					
1. 注意到他人的情绪					
2. 耐心的倾听他人					

续表

条目	1. 完全不符合	2. 不符合	3. 不确定	4. 符合	5. 完全符合
3. 能感受到他人的愤怒					
4. 能深入了解他人					
5. 喜欢听他人的故事					
6. 能留意到他人身陷困境					
7. 同情他人					
8. 让他人放心					
三、您在跨文化环境中的社交情况如何？					
1. 起带头作用					
2. 主动与他人接触					
3. 容易与他人接触					
4. 采取主动行为					
5. 倾向于畅所欲言					
6. 经常是活动策划者					

续表

条目	1. 完全不符合	2. 不符合	3. 不确定	4. 符合	5. 完全符合
7. 容易与他人建立联系					
8. 积极开放					
四、您在跨文化环境中的表现如何？					
1. 勇于探索					
2. 随机应变					
3. 顺其自然					
4. 无拘无束					
5. 喜欢变化					
6. 期待未知					
7. 在陌生环境中发挥最佳					
8. 没有固定的习惯					
五、您在跨文化环境中的情绪如何？					
1. 无忧无虑					
2. 愉悦					
3. 放松					
4. 充实					
5. 处变不惊					

续表

条目	1. 完全不符合	2. 不符合	3. 不确定	4. 符合	5. 完全符合
6. 有安全感					
7. 没有压力					
8. 不易伤心					